# VOL. 31

Dados Internacionais de Catalogação na Publicação (CIP)
(Câmara Brasileira do Livro, SP, Brasil)

Hemsy de Gainza, Violeta
    Estudos de psicopedagogia musical / Violeta Hemsy de Gainza; [tradução de Beatriz A. Cannabrava]. – 3. ed. – São Paulo: Summus, 1988. (Coleção Novas buscas em educação; v. 31).

    Bibliografia
    ISBN 978-85-323-0318-9

    1. Música – Estudo e ensino 2. Musicoterapia I. Título. II Série.

H43e                                                          CDD-780.7
88-0189                                                -615.85154

Índice para catálogo sistemático:
1. Música: Ensino 780.7
2. Musicoterapia 615.85154
3. Psicoterapia 780.7

EDITORA AFILIADA

Compre em lugar de fotocopiar.
Cada real que você dá por um livro recompensa seus autores
e os convida a produzir mais sobre o tema;
incentiva seus editores a encomendar, traduzir e publicar
outras obras sobreo assunto;
e paga aos livreiros por estocar e levar até você livros
para a sua informação e o se entretenimento.
Cada real que você dá pela fotocópia não autorizada de um livro
financia um crime
e ajuda a matar a produção intelectual de seu país.

# ESTUDOS DE PSICOPEDAGOGIA MUSICAL

## VIOLETA HEMSY DE GAINZA

summus editorial

Do original em língua espanhola
*OCHO ESTUDIOS DE PSICOPEDAGOGÍA MUSICAL*
Copyright © 1982 by Violeta Hemsy de Gainza
Direitos desta tradução reservados por Summus Editorial

Tradução: **Beatriz A. Cannabrava**
Capa: **Edith Derdyk**
Direção da Coleção: **Fanny Abramovich**
Impressão: **Formacerta**

## Summus Editorial
Departamento editorial
Rua Itapicuru, 613 – 7º andar
05006-000 – São Paulo – SP
Fone: (11) 3872-3322
Fax: (11) 3872-7476
http://www.summus.com.br
e-mail: summus@summus.com.br

Atendimento ao consumidor
Summus Editorial
Fone: (11) 3865-9890

Vendas por atacado
Fone: (11) 3873-8638
Fax: (11) 3872-7476
e-mail: vendas@summus.com.br

Impresso no Brasil

# NOVAS BUSCAS EM EDUCAÇÃO

Esta coleção está preocupada fundamentalmente com um aluno sagaz, inquieto e participante; com um professor que não tema as próprias dúvidas; e com uma escola aberta, viva, posta no mundo e ciente de que estamos no século XXI.

Nesse sentido, é preciso repensar o processo educacional. É preciso preparar a pessoa para a vida e não para o mero acúmulo de informações.

A postura acadêmica do professor não está garantindo maior mobilidade à agilidade do aluno (tenha ele a idade que tiver). Assim, é preciso trabalhar o aluno como uma pessoa inteira, com sua afetividade, suas percepções, sua expressão, seus sentidos, sua crítica, sua criatividade...

Algo deve ser feito para que o aluno possa ampliar seus referenciais de mundo e trabalhar simultaneamente com todas as linguagens (escrita, sonora, dramática, cinematográfica, corporal etc.).

A derrubada dos muros da escola poderá integrar a educação ao espaço vivificante do mundo e ajudará o aluno a construir uma visão própria do universo.

É fundamental que se questione mais a educação. Para isso, devemos estar mais abertos, mais inquietos, mais porosos, mais ligados, refletindo sobre o nosso cotidiano pedagógico e perguntando-nos sobre seu futuro.

É necessário nos instrumentalizarmos com os processos vividos pelos outros educadores como contraponto aos nossos, tomarmos contato com experiências mais antigas mas que permanecem inquietantes, pesquisarmos o que vem se propondo em termos de educação (dentro e fora da escola) no Brasil e no mundo.

A coleção Novas Buscas em Educação pretende ajudar a repensar velhos problemas ou novas dúvidas que coloquem num outro prisma preocupações de todos aqueles envolvidos com a educação: pais, estudantes, comunicadores, psicólogos, fonoaudiólogos, assistentes sociais e, sobretudo, professores. Pretende servir a todos aqueles que saibam que o único compromisso do educador é com a dinâmica e que uma postura estática é a garantia do não crescimento daquele a que se propõe educar.

*Ao Henrique e aos nossos filhos Ricardo, Cristián, Paula e Mariana.*

*Gostaria de expressar o mais caloroso agradecimento à minha colega e amiga Ana C. de Galante, sem cuja valiosa e sensível colaboração não teria sido possível concretizar a preparação destes originais.*

*V. H. de G.*

# ÍNDICE

Apresentação da Edição Brasileira .............. 11
Prefácio ........................................ 15
Introdução ...................................... 19

## PRIMEIRA PARTE

I. Reflexões sobre a Conduta Musical: Educação — Reeducação — Terapia ................ 21
II. A Atividade Musical Como Diagnóstico de Problemas ................................ 43
III. Perturbações do Canal Musical nos Músicos (Alterações Funcionais de Certos Componentes da Musicalidade) ....................... 77
IV. Educação Musical Especial ............... 87

## SEGUNDA PARTE

V. O Espírito e a Técnica na Educação Musical .. 93
VI. Orientações Atuais da Pedagogia Musical ... 101
VII. Necessidade de uma Pedagogia Atual para a Formação do Intérprete ................. 115
VIII. Importância da Eutonia na Formação dos Músicos ................................... 123

# APRESENTAÇÃO DA EDIÇÃO BRASILEIRA

O que sempre me chamou a atenção desde os tempos em que estudava nos Seminários de Música da Pró-Arte (pensando bem, desde os tempos da Igreja Presbiteriana Unida de São Paulo) é que para se saber das coisas era preciso ler em outras línguas.

Tudo bem, não machuca ninguém, nem é prejuízo saber pensar em outra língua que não só a portuguesa, mas sem que tivéssemos um sentido de crítica, ficava no fundo do nosso pensamento a sensação de que a língua estrangeira é que sabia expressar as coisas da inteligência.

O som do pensamento em torno de conceitos sobre música não tinha nada a ver com o som da língua portuguesa. Daí, tudo o que soasse "brasileiro" não tinha valor como pensamento.

O árduo trabalho de consultar o dicionário, ligar as palavras, articular os verbos, ajeitar os adjetivos, ordenar as frases, era confundido com o direito de entrar num raciocínio que, traduzido para o português, tinha valor pelo som original, presente ainda na versão comprometida...

Como poderíamos acreditar no que pensávamos se o som do nosso pensamento não era o som da língua estrangeira? Como acreditar no nosso pensamento se não fosse fruto do esforço de tentar entender outra gramática? Que valor teria um raciocínio que fluísse em nossa própria língua? Não podia ser respeitado.

Tínhamos que ler em outras línguas, tínhamos que ouvir músicas pensadas em outras línguas, tínhamos que praticar em instrumentos fabricados em locais onde se falavam outros idiomas.

Nosso pensamento tinha vergonha de ser em português, nossa produção musical tentava copiar as articulações de compositores que nem imaginavam a língua portuguesa, pensavam nas suas próprias línguas e não estavam nem aí se alguém poderia não entender. Traduza!

Traduzíamos sim, mas para entender o som da outra língua e caminhávamos pelo sotaque. A música que fazíamos também tinha sotaque.

Ainda mais, eram livros impressos. Nossas traduções eram manuscritas ou talvez batidas à máquina. Perpetuado, só o que não estava escrito em português.

Se esta apresentação tivesse que ter um título, eu a chamaria *A Nossa Fala e a Nossa Ação*. "A nossa fala", pelo prazer de ler, em português, mais um livro sobre assuntos musicais publicado pela série "Novas buscas em educação". "A nossa ação", pelo municiamento que os educadores brasileiros terão para a sua atividade ao ler estes oito estudos de Violeta Hemsy de Gainza.

Estamos diante de um livro que diz que a sua (a vossa) experiência de ensino é respeitável. Não aquela experiência que nos é imposta para ser repetida, mas a experiência musical nossa, que é conduzida em português, raciocinada com os recursos expressivos da nossa língua. "O espírito pedagógico não repete simplesmente o que o livro diz, mas o recria a cada momento."

"Não é possível que aquilo que trazemos de outros lugares e outros tempos já esteja pronto para ser consumido por nós: será necessário um processo de adaptação."

Ler isso vertido para a nossa fala estimula a nossa ação. É possível pensar soando em português. É possível agir segundo a música da nossa língua e anexarmos aos oito estudos desta edição uma coleção infindável de estudos encorajados pela fala e ação de Violeta Hemsy de Gainza soando em português:

"É nossa obrigação sondar profundamente no próprio seio de nossa realidade."

*Que hermoso! Gracias Maestra...*
*Hasta pronto.*

*Samuel Kerr*

São Paulo, dezembro de 1987.

# PREFÁCIO

Em seu livro *Alegrias e Tristezas*,[1] Pablo Casals nos faz lembrar da grande responsabilidade que temos como educadores. "Existe trabalho mais importante — pergunta — que o de formar e orientar o desenvolvimento de um ser humano?" E mais adiante escreve: "Eu nunca tracei uma linha divisória entre o ensino e o aprendizado. É verdade que um professor deve saber mais que seu aluno mas, para mim, ensinar é também aprender."

Os maiores pedagogos de todos os tempos têm sido conscientes dessas duas verdades. Por sentirem a enorme responsabilidade que aceitaram ao assumir a profissão de educadores, souberam que seu dever primeiro era o de estudar seu aluno, conhecer o seu caráter, talentos, conflitos e possibilidades, tratar de incutir-lhe fé em si mesmo e na vida; aprender para poder ensinar.

De minha parte, estou segura de que tampouco é possível fazer uma separação estrita entre a educação musical — o desenvolvimento normal de um ser humano — e as tarefas de reeducação, recuperação e terapia, o que equivale a dizer entre a ação pedagógica e a multiplicidade de influências que, a nível psíquico e físico, podem ser exercidas no homem através do contato com a música.

---

1. Albert E. Kahn, *Joys and Sorrows*. Reflexions By Pablo Casals, Nova York, Simon and Schuster.

Entre os muitos alunos que tive durante meio século de ensino, guardo uma lembrança muito especial de Antonio, um pequeno boliviano cego. Quando a mãe soube que havia tido um filho cego, rejeitou-o e abandonou-o. Um missionário foi quem o trouxe a nosso instituto. Quando chegou à minha aula de música tinha sete anos; era uma criança triste, franzina e calada, aparentemente sem vontade nem forças para aprender nada. Entretanto, logo se viu que gostava de música; pelo menos, escutava os outros com atenção e, depois de alguns meses, também já cantava com uma voz muito suave e agradável. Um ano mais tarde, para melhorar seu ânimo e dar-lhe confiança em si mesmo, coloquei-o no coral; era o mais novo de dezoito jovens cegos, todos bastante musicais. Antonio gostou muito dessa atividade, trabalhou com dedicação para aprender todo o repertório necessário e acostumou-se a utilizar concentradamente o ouvido e a melhorar a voz e a respiração. Participou — com o coral — de muitos concertos em diferentes lugares: igrejas, escolas e também no rádio. Quando completou doze anos, a embaixada boliviana ofereceu-se para repatriá-lo. Ao nos desperdimos choramos muito. A última coisa que me disse foi: "E obrigada pela..." — pensei que ia dizer "música", mas disse: "cultura que me deu." Isso me comoveu. Essa criança abandonada e solitária havia encontrado na música algo que mudou radicalmente sua atitude diante da vida.

Não há dúvida de que todos os que viveram plenamente a música receberam uma boa dose de cultura. Recordemo-nos que Platão insistia em que a educação devia concentrar-se em duas atividades: a ginástica e a música. A primeira, com treinamento do corpo, e a segunda, do espírito. Uma educação que excluísse a música não podia ser considerada completa. A música é uma parte intrínseca — consciente ou não — de cada ser humano.

Violeta Hemsy de Gainza é psicopedagoga musical. Embora a conheça há mais de trinta anos, não posso realmente dizer se é primordialmente educadora ou musicista;

creio que nela os dois talentos têm um peso similar. Em uma página deste novo livro ela afirma: "Educar-se na música é crescer com plenitude e alegria." Repito: "Crescer com plenitude e alegria." Que destino ideal! Oxalá muitas crianças possam crescer assim! E não apenas as crianças. O crescimento em direção à maturidade continua durante muitos anos, depois de terminada a infância. A educação com plenitude e alegria não deveria continuar também?

Antes se pensava que apenas as crianças tinham que ser educadas; pouco a pouco estamos percebendo que a educação pode e deve continuar durante toda a vida. Quando deixamos de aprender, quando já não sentimos curiosidade pelo saber, quando terminam a "plenitude e a alegria" também estão se esgotando nossas forças vitais. Mas a música nos ajudará a conservá-las vivas.

Diz Violeta Gainza: "É de importância fundamental que em todos os países as autoridades educacionais sejam suficientemente lúcidas para resgatar a música e colocá-la a serviço da educação, ou seja, do desenvolvimento integral do homem." Que assim seja.

*Frances Wolf*
Presidente da Associação
Argentina de Musicoterapia

# INTRODUÇÃO

A quantidade e diversidade de aspectos envolvidos no processo da relação "homem-música-homem" provocaram uma importante mudança na tarefa do educador musical.

Poderíamos dizer que o educador moderno já não tem a obsessão de dar instrução a seus alunos. Esse aspecto é apenas um e não mais importante de todos dentre as tarefas que o educador deve enfrentar em seu esforço por promover o desenvolvimento harmonioso das potencialidades de seus alunos dentro do âmbito de uma educação permanente.

A pedagogia deste século, como temos afirmado reiteradamente, está marcada pelo crescente amadurecimento dos conhecimentos psicológicos. O ensino da música não escapa à regra. Por essa razão, e também por fortes motivações pessoais, a prática e o ensino dos diferentes aspectos musicais, que venho cultivando há quase três décadas, foram se tornando cada vez mais "psicológicos" ao centralizar a atenção no educando, em suas condutas e processos de crescimento.

Um dia, não faz muito tempo, concluí que a maioria dos estudos e textos que produzi nos últimos anos — apresentada em reuniões e congressos nacionais e internacionais de educação musical e musicoterapia — encontrava-se estreitamente relacionada, refletindo uma tendência única, cada vez mais forte, em minha ação e em meu pensamento pedagógico.

Por esse motivo, parafraseando o título de uma publicação muito difundida que reúne alguns dos trabalhos do eminente Jean Piaget, decidi recopilá-lo sob o título integrador de *Estudos de Psicopedagogia Musical*, que é o que são, na realidade.

O que me levou a publicá-los foi o desejo de compartilhar com o público em geral, e mais particularmente com pedagogos, psicólogos, terapeutas e também com os pais, minhas inquietudes sobre os temas até hoje pouco abordados pelos especialistas. Mas, sobretudo, sinto o desejo de contribuir, esclarecendo certos processos musicais complexos, às vezes obscuros, para que aqueles que necessitem aproximar-se da música tenham acesso a ela sem o temor de se decepcionarem.

*Violeta Hemsy de Gainza*
Buenos Aires, setembro de 1981.

# Primeira Parte

## I. REFLEXÕES SOBRE A CONDUTA MUSICAL: EDUCAÇÃO — REEDUCAÇÃO — TERAPIA

### INTRODUÇÃO

O homem manifesta, através de sua conduta, as múltiplas facetas de seu ser complexo.

Toda conduta supõe uma ação, um MOVIMENTO interno ou externo; no primeiro caso poderá ou não refletir-se em algo externo ou observável: gesto, movimento, som, rubor, alteração da pulsação ou da pressão sangüínea etc.

Lagache, citado por Bleger,[1] define a conduta como a "totalidade das reações do organismo na situação global", que compreenderia: "1) A conduta exterior, manifesta; 2) a experiência, tal como se faz acessível no relato, incluindo as modificações somáticas subjetivas; 3) modificações somáticas objetivas, tal como são acessíveis à pesquisa fisiológica; 4) os produtos da conduta: escritos, desenhos, trabalhos, testes etc."

Toda conduta envolve uma MUDANÇA. Para Piaget[2], "toda ação — ou seja, todo movimento, todo pensamento ou sentimento — responde a uma NECESSIDADE...
Pois bem, como o demonstrou Claparède, uma necessidade é sempre a manifestação de um desequilíbrio... Em cada

---
1. José Bleger, *Psicología de la Conducta*, Buenos Aires, Paidós, 1973, p. 28.
2. Jean Piaget, *Seis Estudios de Psicología*, Buenos Aires, Corregidor, 1974, p. 15.

instante, por assim dizer, a ação está desequilibrada pelas transformações que surgem no mundo, exterior ou interior, e cada nova conduta consiste não apenas em restabelecer o equilíbrio, mas em tender a um equilíbrio mais estável que o do estado anterior a essa perturbação. A ação humana consiste nesse mecanismo contínuo e permanente de reajuste e equilíbrio".

De acordo com esse princípio dinâmico ou de desenvolvimento, a conduta de um indivíduo expressaria um determinado nível de equilíbrio interno, bem como um conjunto ou uma seqüência de condutas refletiria, de alguma maneira, aspectos qualitativos ou quantitativos de um processo de desenvolvimento pessoal.

A observação e o estudo da conduta humana interessam especificamente às ciências humanas. A educação geral se propõe a orientar o processo de desenvolvimento nos indivíduos normais, assim como a reeducação, a educação especial e a terapia educacional tratam de atuar positivamente nos casos de perturbações ou desvios das condutas típicas dos indivíduos sadios.

Tanto na conduta normal como nas diferentes perturbações distinguiremos entre *condutas manifestas* ou de expressão direta e *condutas latentes ou potenciais* — reprimidas, não expressadas —, que deverão ser deduzidas de outros dados e condutas manifestas. Acontece freqüentemente que certos indivíduos — inclusive crianças —, que compreendem perfeitamente um idioma estrangeiro, não conseguem falá-lo fluentemente, ou o fazem com um sotaque acentuado, por não havê-lo praticado no momento oportuno, ou seja, pouco depois de começar o contato auditivo com ele. O mesmo acontece com a capacidade de cantar ou de afinar o canto, que aparece reprimida ou retardada em indivíduos que têm o ouvido perfeitamente sensibilizado pela audição precoce ou contínua da música.

*A conduta musical*

A música e o som, enquanto energia, estimulam o movimento interno e externo no homem; impulsionam-no à ação e promovem nele uma multiplicidade de condutas de diferente qualidade e grau.

O bebê toca os objetos que tem ao seu alcance, brinca com eles, explora-os e escuta o resultado sonoro de sua ação; demonstra suas preferências.

Quando a criança bem pequena atua como receptora de sons, reclama — chorando ou tapando os ouvidos — se a altura ou intensidade desses sons ultrapassar o limiar de saturação de seu sistema receptor. (Sabe-se que o som, nos limites extremos de seus parâmetros, irrita — por evocar sensações limítrofes — não apenas as crianças pequenas,[3] mas também os indivíduos enfermos e os anciãos.)

A criança em idade escolar não costuma escutar o som da música que ela mesma produz, grita quando canta e bate nos instrumentos, ao invés de tocá-los, a menos que tenha sido especialmente sensibilizada ou treinada para proceder de forma diferente, ou caso tenha ao seu redor modelos capazes de induzir comportamentos mais refinados que os correspondentes à sua idade. Energia física e afetividade estão intimamente entrelaçadas nela; gosta de explorar o mundo sonoro e manipula os sons espontaneamente.

O pré-adolescente não grita e até talvez preferisse não cantar. Aborda os instrumentos com timidez porque lhe é difícil canalizar sua energia para o exterior. Por isso se retrai momentaneamente, tornando-se incomunicável com o mundo ao seu redor. O pré-adolescente sente e pensa globalmente. Não tem ainda suficiente consciência das transformações que já começaram a se operar no seu interior.

---

3. A necessidade de permanecer — como regra geral — dentro do nível ótimo de recepção de alturas, intensidade e timbres, estende-se ao longo da primeira infância, a tal ponto que consideramos sumamente nocivo acostumar prematuramente as crianças a aceitarem situações sonoras de caráter extremo (o volume, o timbre, a intensidade etc.), como seria o caso de certos exemplos de música contemporânea — erudita e popular — que deveriam ser classificadas de "não indicadas" para crianças pequenas, anciãos e enfermos, porque tendem a dessensibilizar o sistema defensivo natural que todo indivíduo tem em seus sentidos e que lhe adverte sobre situações anormais ou de perigo.

O adolescente põe na música — seja como receptor ou como emissor — sua mente e seu afeto, mas dificilmente seu corpo. Quer expressar-se a qualquer custo. Está ansioso por buscar e encontrar os sons que correspondem dentro e fora de si, porque gostaria de dizer sua própria música. Seu sistema corporal, embora algo desajeitado, está desejoso de aprender e reaprender.

Também o adulto comum e o adulto músico — tanto o amador como o profissional — manifestam uma gama de reações específicas diante do som e da música, dignas de serem observadas e analisadas em seus aspectos essenciais.

A conduta musical reflete os diferentes aspectos e o nível de integração atingido no processo de musicalização, representado pela equação dinâmica e bidirecional homem--música.

A conduta musical é COMPLEXA, uma vez que expressa os diferentes aspectos ou elementos que concernem tanto ao objeto (música), como ao sujeito (homem). Além disso é HETEROGÊNEA, pois comporta um constante jogo entre os atributos ou características do objeto, do sujeito e do objeto internalizado.

Distinguirei duas formas ou tipos fundamentais de conduta perante a música, conforme o sujeito (H) atue como RECEPTOR ⊙— ou como EMISSOR ⊙—➤ de música. No primeiro caso, trata-se de uma conduta musical PASSIVA, e no segundo, de uma conduta musical ATIVA. Na conduta ativa existe uma ação, um movimento externo manifesto. Na conduta passiva, o movimento — que, como dissemos, é característica essencial de toda conduta — seria de caráter interno, podendo ou não ser externalizado de maneira imediata ou mediata.

Os processos receptivos e expressivos encontram-se fortemente inter-relacionados: ⊝→ a audição musical (de um tipo específico de música) tenderá a induzir uma resposta sonora ou musical, estabelecendo-se, assim, como já dissemos, uma equação dinâmica e bidirecional que representa um permanente processo de realimentação entre o *homem* e a *música*, condição essencial para o desenvolvimento da musicalidade e das aptidões musicais.

Embora a conduta musical constitua, por definição, um processo integrado (de carga-descarga-recarga ou alimentação-expressão-retroalimentação), vamos nos referir a seguir, e apenas por razões metodológicas, aos dois aspectos ou fases fundamentais do processo da musicalização de forma independente.

*Recepção musical* [4]

Um objeto sonoro ou instrumento musical qualquer tende a penetrar no campo auditivo dos sujeitos que se encontram dentro de seu raio de ação. As diferentes pessoas, segundo sua idade, educação e estado psicofísico, reagirão de maneira característica, mostrando menor ou maior atração ou apetite pelo "alimento" sonoro que está ao seu alcance ou que lhes é oferecido, realizando o ato de absorção e internalização com diferentes graus de concentração, continuidade e finura.

Na seleção dos aspectos absorvidos influirão em diferentes graus os *aspectos característicos do objeto musical*, a saber: timbre, ritmo, melodia, harmonia, estrutura formal (TENDÊNCIA PREDOMINANTE em relação ao OBJETO). O aspecto dominante poderia chegar a monopolizar o campo perceptivo, sendo mais rápida e eficazmente absorvido.

Mas também se refletirão no processo de assimilação os diferentes aspectos ou *níveis de integração individuais*.

---

4. A partir deste ponto, remetemos o leitor para a "Ficha orientadora para a observação da conduta musical", que incluímos no fim do capítulo.

Assim, na presença do instrumento musical o sujeito tenderá a ativar, de forma preferencial, sua sensorialidade, sua afetividade ou suas capacidades motoras ou mentais (TENDÊNCIA PREDOMINANTE em relação ao SUJEITO).

Nas situações de equilíbrio funcional cada indivíduo tenderia a tomar ou recolher, através da via auditiva, o elemento que mais necessita em cada circunstância. Assim, a criança muito pequena focaliza o timbre sonoro. O homem e a mulher comuns precisam, entretanto, de um pouco de ritmo para fazer com que o alimento musical seja mais "digerível". Daí o efeito da "popularização" da música clássica mediante a ênfase em seus próprios elementos rítmicos ou agregando-se ritmos novos. Por outro lado, os jovens que gostam de escutar música na atualidade pretendem satisfazer, através da percepção musical, a uma determinada dose de estimulação mental que surge do equilíbrio, sempre dinâmico, entre a expectativa pela novidade e a redundância pela reiteração de situações sonoras familiares.

G. P., de 18 anos, afirma que ouvir música clássica não o atrai tanto como a música contemporânea porque aquela, por seu alto grau de previsibilidade harmônica, não lhe permite, como esta, surpreender-se a cada instante, devido às novas formas de encadeamentos harmônico-melódicos.

*Etapas*

O objeto musical é englobado ou absorvido segundo um processo receptivo similar ao que se cumpre com relação a outros objetos de conhecimento:[5]

1) Numa primeira etapa — SINCRÉTICA — o objeto musical aparece obscuro e vagamente diferenciado em suas características particulares. Tratar-se-ia de uma forma

---

[5]. Este tema foi tratado mais amplamente em nossa obra *Fundamentos, Materiais y Técnicas de la Educación Musical*, Buenos Aires, Ricordi, 1977, p. 61.

de contato global: o indivíduo "global" com o objeto "global".

2) Numa segunda etapa — ANALÍTICA — vão-se distinguindo progressivamente as partes, o que determina o aparecimento e localização de formas concretas: timbres, melodias, ritmos, harmonias, estruturas formais.

3) Na terceira etapa — SINTÉTICA — reintegram-se ao todo os elementos e formas diferenciados.

4) Finalmente, na etapa de GENERALIZAÇÃO, projetam-se as formas diferenciadas para o conhecimento de outros objetos musicais (formas novas ou já experimentadas), com os quais se estabelecem relações de correspondência: analogia, diferença etc.

*Estimulação*

Embora a absorção musical — RECEPÇÃO — cumpra-se de forma espontânea nos indivíduos normais, é tarefa fundamental da educação musical estimular e orientar esse processo.[6] Os recursos de todo tipo destinados a atrair o sujeito para o objeto musical e, posteriormente, fazer com que o focalize com atenção e concentração, atuam como catalizadores do processo natural de musicalização, dando lugar, por sua vez, a um subprocesso de *motivação*, cujo objetivo é estimular o indivíduo, de modo a aumentar a quantidade e a qualidade de seus alimentos musicais.

Para Piaget, o afeto é o principal impulso motivador dos processos de desenvolvimento mental da criança. "Toda conduta supõe a existência de instrumentos, ou seja, de uma *técnica* (os aspectos motores e intelectuais); mas também toda conduta implica em certas *ativações* e metas

---

6. Alguns sujeitos excepcionais exibem mecanismos perceptivos de alto nível, dotados de finos automatismos mentais; na presença do objeto sonoro, desenvolvem de forma automática um programa de armazenamento de classificação de dados que costuma deslumbrar as pessoas não habituadas à lógica rigorosa desse tipo de processo mental.

valiosas: trata-se dos sentimentos, e assim, afetividade e inteligência são indissolúveis e constituem os dois aspectos complementares de toda conduta humana."[7]

Alguns indivíduos demonstram uma grande capacidade de introspecção, que se traduz na possibilidade de verbalizar suas próprias sensações, sentimentos, dificuldades e conquistas no campo musical. Em tal caso, a pessoa se mostra, também, capaz de atuar e analisar os motivos de sua conduta. As crianças — algumas vezes bem pequenas — surpreendem-nos ao se expressarem com tal lucidez em questões de percepção musical. (Cristián, de 5 anos, pergunta à sua professora de pré-escola, que acaba de anunciar para as crianças que irá pôr "música para que desenhem": *Eu posso desenhar outra coisa?* Paula, de 9 anos, comenta enquanto escuta música pelo rádio durante um passeio de automóvel: "Ainda não entendo. Se não *pego a onda* do que ouço é como se não escutasse".)

*Expressão musical*

Todo processo de recepção induz de maneira imediata ou mediata uma resposta ativa no sujeito, que se converte, assim, em EMISSOR musical. Apenas quando é adquirida a capacidade de emitir respostas musicais face aos estímulos sonoros é que se completa o processo de musicalização. A conduta expressiva, de descarga, equilibra a conduta receptiva, de carga, estabelecendo-se então, a partir dela, um equilíbrio dinâmico e integrado ao qual tende todo indivíduo em desenvolvimento e para o qual contribuem ativamente os processos de educação, reeducação e terapia.

O processo musical, nesse aspecto, não difere do processo de aquisição da linguagem falada, onde a resposta (ato de fonação) inicia-se — fisiológica e psicologicamente falando — desde o momento em que o indivíduo recebe o primeiro estímulo de caráter auditivo.

---

7. Obra citada, pp. 25-26.

*Via ou forma de expressão*

A ação musical implica num *movimento*, seja das cordas vocais e do aparelho fonador naquele que fala ou canta, seja do próprio corpo. No último caso, o corpo aparece como "instrumento" produtor de som ou se "prolonga" através de um instrumento musical propriamente dito.

*Tendência predominante*

*Em relação ao sujeito.* A ação musical produz uma descarga individual a *nível corporal e/ou psíquico* (afeto, mente), com diferente ênfase em um ou outro aspecto, conforme o caso.

*Em relação ao objeto.* O sujeito que produz música — que se expressa ou se libera mediante sons — demonstra maior ou menor capacidade ou força em alguns dos aspectos ou *elementos musicais* que compõem seu arquivo sonoro internalizado. Assim, através da música que produz ou reproduz, o sujeito manifesta especialmente sua sensibilidade, o seu "sentido" rítmico, ou o seu "sentido" harmônico, melódico, tímbrico etc.

*Processo expressivo*

Expressão, como já dissemos, é sinônimo de movimento, de ação. Toda ação expressiva é, por um lado, efeito, mostra ou representação de algo e, por outro, causa ou origem de um produto expressivo. Esse produto toma parte também do processo de expressão, participando das características da ação que o originou.

Causa expressiva→ Ação expressiva→ Produto expressivo

A causa e a ação expressiva se dão sempre dentro do campo interno do sujeito, o que não acontece com o seu produto ou efeito que, embora em alguns casos permaneça no âmbito individual (representação teatral, dança, canto), freqüentemente o transcende, cobrando autonomia (artes plásticas, composição musical, artesanato etc.).

O processamento dos materiais sonoros e musicais se dá no interior do sujeito, de tal forma que a energia proveniente da música absorvida metaboliza-se em expressão corporal, sonora e verbal, engendrando diferentes sentimentos, estimulando a imaginação e a fantasia, promovendo, enfim, uma intensa atividade mental.

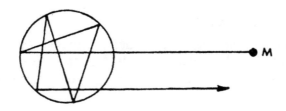

Os processos internos induzidos pelo som e pela música contribuem para estabelecer um depósito ou arquivo sonoro e musical rico e individual, ao qual denominaremos OBJETO MUSICAL INTERNALIZADO (OMI), que interage com o SUJEITO MUSICAL, do mesmo modo que o OBJETO MUSICAL EXTERNO se relaciona com aquele. Poderíamos representar da seguinte maneira a relação denominada INTRACOMUNICAÇÃO, estabelecendo assim uma homologia com a INTERCOMUNICAÇÃO, ou seja, o vínculo que se cria entre diferentes pessoas, por meio da música.

INTRACOMUNICAÇÃO     INTERCOMUNICAÇÃO

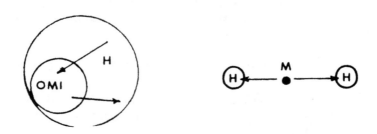

Observe-se o efeito multiplicador produzido pelos meios de comunicação de massas, que permitem a uma só pessoa ou a um número muito limitado de pessoas comunicar-se — de alguma forma — com uma ampla audiência, determinando uma complexa e extensa rede de interações.

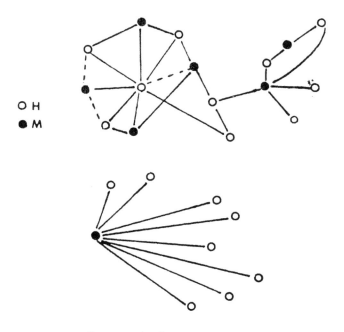

*Graus na expressão musical*

Toda conduta expressiva é projetiva e, como tal, tem a qualidade de refletir aspectos da personalidade. Alguém que faz alguma coisa está se expressando, qualquer que seja o grau, caráter ou qualidade de sua atividade ou do produto desta.

Um indivíduo que executa um instrumento de forma imperfeita — porque "martela", ou erra, ou se contém a nível corporal; porque não fraseia adequadamente, não comunica afetividade ou não manifesta um grau aceitável de compreensão mental da obra — está se expressando, inegavelmente, tanto como aquele que realiza a atividade com um nível ótimo de qualidade. Expressar-se é, pois, demonstrar tanto as deficiências como as capacidades.

Uma vez que o termo EXPRESSÃO em si mesmo não representa um juízo de valor, temos que admitir diferentes graus na expressão, tanto no que se refere a seus aspectos quantitativos, como a seus aspectos qualitativos.

Pois bem, um processo de crescimento ou desenvolvimento normal, por definição, deveria tender para uma meta ou pólo positivo. Do ponto de vista *qualitativo* haveria, então, formas de expressão mais maduras ou positivas que outras e cujos produtos revelariam maior qualidade ou profundidade.

Mas o aspecto *quantitativo* é também importante na expressão artística, uma vez que compreende, por um lado, o volume de energia psicofísica mobilizada e, por outro, a quantidade de áreas ou níveis pessoais comprometidos na ação expressiva (aspectos corporais, afetivos, mentais e sociais). Como aproximação ao que poderia ser considerado como a forma ideal de expressão, diremos que a expressão musical artística tende a ser o mais integrada e completa possível. Se toda expressão parcial é, sem dúvida, COMUNICAÇÃO, apenas a expressão integral é sinônimo de ARTE, sem se perder de vista que essa integração à qual nos referimos é apenas um ponto de referência para o qual orientam-se os processos e a atividade artística em geral.

Tomando novamente o exemplo do executante instrumental, sua interpretação será tanto mais aprimorada na medida em que tenha se mobilizado equilibradamente a nível físico (sensório-motor), afetivo (comunicação sensível) e mental (grau de compreensão da obra). Essa exigência de aprofundamento e de integração dos níveis pessoais não exclui nem contradiz, por certo, a ênfase natural que toda pessoa ou que todo artista coloca num determinado canal.

## A liberação que é "carga"

Por uma errônea canalização da energia psicofísica e pela adição de elementos estranhos aos atos específicos, a expressão do sujeito às vezes fracassa ou é desviada, de modo que em vez de "liberação" há um aumento de tensão. Então, será necessária uma reeducação para resgatar a espontaneidade corporal ou espiritual perdida.

Alguns músicos costumam manter-se tensos a ponto de sentirem dor em seus músculos, no ato interpretativo. Não se trataria apenas, nesse caso, de uma confusão do canal expressivo, uma vez que o músico faz "expressão musical" e não "expressão corporal", mas também de um domínio ineficaz do campo erroneamente considerado como não-específico — o corporal —, que incide diretamente sobre a qualidade do produto musical. Haveria, nesse caso, uma liberação a nível afetivo, neutralizada ou deteriorada por uma "carga" a nível corporal.

De nossa análise podemos deduzir, também, que quanto mais completo for o campo pessoal mobilizado pelo sujeito que produz a música, tanto mais amplo será o âmbito de ação sobre os sujeitos receptores ou consumidores do seu produto. Os receptores sentir-se-ão mais ou menos atraídos ou próximos do artista, na medida em que este responda às suas próprias necessidades. Há ouvintes que focalizam o objeto musical em busca de estímulo físico; para outros, o aspecto prioritário é a afetividade; alguns se satisfazem na medida em que compreendem, uma vez que se sentem atraídos por objetos musicais interessantes e ao mesmo tempo acessíveis à sua capacidade de decodificação mental; a minoria, finalmente, responde à totalidade integrada — os mais próximos, ao meu ver, do fato estético propriamente dito — e só se sentirão satisfeitos perante um produto que expresse um alto grau de harmonia ou equilíbrio interno.

*Aprendizagem*

O aprendizado musical seria a síntese ou produto das condutas receptivo-expressivas que envolvem o processo de musicalização.

Para Bleger,[8] "a conduta e a personalidade têm um desenvolvimento no qual vão se organizando progressivamente, respondendo a um processo dinâmico no qual podem modificar-se de maneira mais ou menos estável. Chama-se APRENDIZAGEM ou o processo pelo qual a conduta se modifica de maneira estável, com base nas experiências do sujeito".

A aprendizagem se concretiza com a aquisição — consciente ou não — de uma série de capacidades ou destrezas no campo sensorial, motor, afetivo e mental. (Ver a ficha orientadora para a observação da conduta musical, no final do capítulo.)

*Música como objeto e como símbolo*

O campo das condutas musicais, já por si tão amplo e diversificado, como se vê pelas apreciações anteriores, torna-se mais complexo quando entram em jogo as qualidades míticas ancestrais que caracterizam a música. A participação ativa do sujeito no ato de musicalização não mobiliza apenas os aspectos mentais conscientes que conduzem a uma apreciação objetiva da música, mas também uma gama ampla e difusa de sentimentos e tendências pessoais. Por esse motivo a música é, para as pessoas, além de objeto sonoro, concreto, específico e autônomo, também aquilo que simboliza, representa ou evoca.

Um copo de cristal, ao cair, produz um som de determinadas características: uma altura ou freqüência dominante, certo grau de intensidade, um timbre peculiar. O sujeito desprevenido que o escuta vai se deter por um instante mais ou menos prolongado sobre esses aspectos, para passar imediatamente a operar em dimensão subjetiva, registrando uma série de sensações e emoções. Então, o som aparecerá como lindo ou feio, agradável ou desagradável etc. Por essa via poderá afastar-se tanto que talvez se esqueça, em certo momento, do cristal quebrado para

---

8. Bleger, obra citada, p. 284.

passar a viver intensamente uma sensação de incomodidade ou sobressalto associada com o temor de que outras coisas se quebrem ou desapareçam. O medo ou o mal-humor invadirão o campo pessoal, determinando talvez o esquecimento do objeto que provocou toda essa mobilização.

Ao mesmo tipo de associações pertenceriam as seguintes: O som sincrônico do motor da lavadora de roupas ou as sacudidas acompanhadas de sons espasmódicos, do arranque do motor de um carro, ao evocar a uma mãe as convulsões noturnas de seu filho, sobressaltam-na e lhe produzem taquicardia; uma antiga melodia ou ainda uma pequena parte dela, por seu enorme poder evocador — da mesma forma que um perfume — podem reavivar em certas pessoas a recordação de situações e climas afetivos com surpreendente força e nitidez.

Alguns indivíduos — entre eles muitos músicos profissionais e aspirantes a músicos — sentem que não podem atuar plenamente, nem como receptores nem como emissores de música. Esta aparece sempre oprimindo o sujeito que não pode chegar a percebê-la enquanto objeto, ou seja, matéria e forma. A música domina e vence, demonstrando uma vez mais seu tremendo poder.

As situações de potência ou de impotência musical associam-se, pois, a outras situações de potência ou impotência vital às quais representariam, dando origem a sérias e perigosas generalizações: "Não entendo a música" ou "Não posso fazer música" significam, em tal caso, simplesmente: "Não entendo nada" ou "Não posso ou não sirvo para fazer nada".

De vez em quando, os "prazeres" musicais seriam acessíveis — e até mesmo inesquecíveis — para essas pessoas. Através de estados de tipo mediúnico, e por motivos que não conseguirão precisar objetivamente, poderão perceber com clareza certos traços ou até uma totalidade integrada do objeto musical, que, passado o momento do "transe", tornará a aparecer diluído e difuso.

Assim como o objeto resiste ao tratamento mental (recepção), permanecendo como representação no plano afetivo, também resiste à manipulação ou à ação musical (expressão), já que a tentativa de apreendê-lo, recuperá-lo ou recriá-lo será castigada com uma nova frustração, reaparecendo outra vez difusa, por exemplo, no campo que se desafina ou na execução instrumental em que o indivíduo não consegue manter-se num *tempo* preciso e constante.

As situações desse tipo de subjetivismo extremo nos atos perceptivos são, em geral, características da infância e tendem a ser superadas através do processo natural de amadurecimento, próprio de todo o ser humano. Entretanto, as condutas musicais seriam mais propensas que outras a permanecer em estado imaturo. Para isso contribui a própria natureza do objeto musical: os sons sempre aparecem como mais "abstratos", ou seja, menos apreensíveis e concretos que as cores, por exemplo, apesar de constituírem — assim como elas — formas específicas de "materialização" de fenômenos vibratórios.

Por outro lado, a pedagogia tradicional da música contribuiu para a difusão, em face da aptidão musical, de uma posição indefinida que dificulta e confunde ainda mais o panorama real da relação de um indivíduo com a música. Em certos meios ainda se aceita, sem se questionar, que "os músicos nascem, não se fazem" e que, portanto, a aptidão musical restringe-se a alguns seres privilegiados. Então, seria apenas por revelação, e não por um ato de vontade, que se acederia à música, o que parece confirmar-se com a função mágica destinada à música nas comunidades primitivas.

*Conduta musical: diagnóstico e terapia*

A música movimenta, mobiliza, e por isso contribui para a transformação e para o desenvolvimento. Segundo Wilhems,[9] cada um dos aspectos ou elementos da música

---

9. Edgar Willems, *Musicoterapia*, Buenos Aires, Sociedade Argentina de Educación Musical, 1976.

corresponde a um aspecto humano específico, ao qual mobiliza com exclusividade ou mais intensamente: o ritmo musical induz ao movimento corporal, a melodia estimula a afetividade; a ordem ou a estrutura musical (na harmonia ou na forma musical) contribui ativamente para a afirmação ou para a restauração da ordem mental no homem. Essa qualidade — o poder mobilizador da música — constitui a base da terapia musical ou musicoterapia.

Mas, além disso, a atividade musical *mostra* ou é indicativa de algo. O indivíduo que faz música manifesta-se através de condutas compreensíveis e decodificáveis. O observador especializado detecta, através de sua *visão*, os traços gerais do comportamento corporal (motricidade fina e grossa) no sujeito-músico; através da *audição* capta a quantidade e a qualidade do som produzido; [10] mediante o *tato*, avalia de forma direta as tensões e bloqueios corporais; seu próprio *afeto* orienta-o sobre aquilo que o *emissor* consegue comunicar, enquanto sua *mente* recebe e avalia o caráter e a coerência das estruturas musicais emitidas.

Por sua vez, esse arsenal de dados "diretos" conecta-se, subliminarmente, com uma série de características inerentes ao sujeito musical, algumas delas de caráter "positivo", tais como imaginação, sensibilidade, capacidade motora e mental, grau de treinamento, grau de relaxamento, capacidade de liberação ou projeção; e outras de caráter "negativo", tais como medos, tensões, preocupação, desequilíbrio, carência, excesso e repressão.

Embora esse aspecto projetivo da conduta musical também interesse e pertença ao campo da musicoterapia

---

10. Gerda Alexander, em seu livro *La Eutonía, un Caminho Hacia la Experiencia Total del Cuerpo*, Buenos Aires, Paidós, 1979, afirma: "É possível, sem olhar, conhecer o estado tônico e o equilíbrio de tensões daqueles que nos cercam. Pode-se perceber o estado de um artesão, de um músico, de um cantor ou de um instrumentista, o equilíbrio de suas tensões, seu contato com o instrumento ou ferramenta e seu contato com o solo, apenas *escutando* a qualidade dos sons produzidos.

— uma vez que se refere à avaliação da ação musical e do processo de mobilização empreendido como passo indispensável para o planejamento das ações subseqüentes —, mostra-nos, por outro lado, um âmbito mais amplo e ainda praticamente inexplorado: o inestimável valor da música como instrumento para o diagnóstico puro.

Pais e professores costumam manejar essa sutil rede de comunicações a nível não-verbal, registrando, sentindo e agindo, conseqüentemente, uma boa parte das vezes a nível subconsciente. Muitas vezes acertam; outras tantas se enganam, como é natural. Os terapeutas, por sua vez — e nisso reside sua função específica — deverão capacitar--se para manejar apropriadamente os diferentes códigos, elaborando hipóteses de trabalho adequadas a cada situação.

Examinaremos, finalmente, algumas das principais implicações desses conceitos para a educação musical e também para a terapia e para a educação especial:

1) A *recepção musical* bem como a *expressão musical* são necessárias e complementares. Portanto, nem uma nem outra poderão ser descuidadas através de todo o processo educativo.

2) A educação musical deverá tender a desenvolver, mediante diversas atividades e processos musicais, a mais ampla gama de possibilidades humanas, e não apenas a tendência dominante.

3) Uma recomendação similar é válida no que diz respeito ao *objeto musical*, que deverá ser explorado, focalizado e progressivamente descoberto pelo estudante, através de tantos ângulos diferentes quanto seja possível. Desse modo serão revelados aos estudantes a grande variedade e os mais ocultos aspectos envolvidos em toda experiência musical.

*Conclusões*

A conduta musical expressa, por um lado e de forma direta, um determinado nível de musicalização individual, ou seja, um certo grau de sensibilidade, compreensão, treinamento e cultura em relação à música.

Além disso, permite a análise de uma série de traços gerais que indicam a personalidade básica do indivíduo.

É tarefa específica da educação geral, da educação especial e da terapia musical proceder adequadamente para conduzir cada indivíduo ao seu estado ótimo de desenvolvimento pessoal. Para isso, aqueles que se interessem pelas condutas musicais e decidam observá-las sistematicamente deverão estar munidos não apenas de instrumentos de pesquisa efetivos, mas também de uma profunda experiência no contato com a música.

FICHA ORIENTADORA PARA A OBSERVAÇÃO
DA CONDUTA MUSICAL

HISTÓRIA INDIVIDUAL

— Dados pessoais (nome, sexo, idade, estado civil).
— Pais, irmãos, parentes músicos.
— Estudos musicais realizados: quais? quando? onde? com quem? durante quanto tempo?
— Estudos gerais: primário, secundário, universitário, especiais, idiomas, artes, trabalhos manuais etc.
— Ocupação: trabalha? estuda? ensina? o quê? onde?
— Preferências musicais (e outros dados importantes com relação a elas).
— Lembranças relacionadas com as preferências musicais (infância, adolescência etc.).
— Observações ou dados significativos (ambiente cultural, nível sócio-econômico familiar etc.).

RECEPÇÃO MUSICAL

1. *Estimulação* — *Motivação*
   1. Interesse.
   2. Atenção.
   3. Concentração.
   4. Memória.

2. *Tendência predominante em relação ao*
   A. *Objeto* (aspecto ou traço musical que o sujeito capta preferencialmente).
      1. Timbre.
      2. Ritmo.
      3. Melodia.
      4. Harmonia.
      5. Estrutura formal.
      6. Estilo.
      7. Obra estética.
      8. Não há traço dominante (integração).
   B. *Sujeito* (aspectos ou níveis individuais comprometidos na recepção).
      1. Sensorialidade (discrimina qualidades sonoras).
      2. Motricidade (move-se).
      3. Afetividade (aprecia, goza, escolhe).
      4. Inteligência (compreende, relaciona estruturas sonoras).
      5. Não há traço dominante (integração).

## II. EXPRESSÃO MUSICAL

1. *Nível de externalização*
   1. Manifesta.
   2. Latente.

2. *Via ou meio de expressão*
   A. Voz (registro — afinação — tônus muscular — técnica — comunicação).
   B. Corpo (postura — tônus muscular — técnica — comunicação).
   C. Instrumento (postura — tônus muscular — técnica — comunicação).

3. *Tendência predominante em relação ao*
   A. *Objeto* (aspecto ou traço musical que o sujeito expressa preferencialmente).
      1. Sentido tímbrico (sonoro).
      2. Sentido rítmico.
      3. Sentido melódico.
      4. Sentido harmônico.
      5. Sentido estrutural.
      6. Sentido estético.
      7. Não há traço dominante (integração).

B. *Sujeito* (aspectos ou nível individual comprometido na expressão).
   1. Sensorialidade.
   2. Motricidade.
   3. Afetividade.
   4. Inteligência.
   5. Sociabilidade.
   6. Não há traço dominante (integração).

4. *Características gerais*
   1. Sensibilidade.
   2. Imaginação.
   3. Criatividade.
   4. Estereotipia.
   5. Capacidade de jogo.
   6. Integração de campos expressivos.
   7. Comunicação.

### III. APRENDIZAGEM

(como equilíbrio do processo de recepção-expressão)

1. *Características gerais*
   1. Atitude diante da possibilidade de realizar novas experiências.
   2. Organização mental: atividade consciente, clareza e organização conceitual, disciplina.
   3. Memória: conservação da experiência musical.

2. *Capacidades manifestas* (habilidades, técnicas, destrezas)
   1. Capacidade de imitar.
   2. Capacidade de interpretar.
   3. Capacidade de aprender por si mesmo.
   4. Capacidade de progredir.
   5. Capacidade de superar erros.
   6. Capacidade de transmitir experiências (capacidade pedagógica).
   7. Capacidade de verbalizar processos e dificuldades.
   8. Capacidade de compreender estruturas (global, detalhes).
   9. Capacidade de relacionar, integrar, transferir conhecimentos e experiências.

3. *Leitura e escritura*
   1. Nível de compreensão: global, de detalhes.
   2. Rapidez.
   3. Eficácia.

4. *Repertório musical* (ativo-passivo)
   — Gostos e preferências: autores — estilos — épocas — gêneros — países.

5. *Observações*
   — Outras características pessoais que possam ser consideradas de interesse.

RELAÇÃO PESSOAL

(excelente, muito boa, boa, regular, insatisfatória, permanente, flutuante)

1. Com a *música*.
2. Com o *instrumento*.
3. Com o *professor*.
4. Com os *companheiros*.

PERSONALIDADE

1. Condições gerais de habilidade, sensibilidade, inteligência.
2. Capacidade de seguir, guiar, adaptar-se.
3. Prestígio no grupo.
4. Vocação (grau de intensidade na tendência para o objeto ou atividade escolhida).

## II. A ATIVIDADE MUSICAL COMO DIAGNÓSTICO DE PROBLEMAS [1]

### 1

Vou me referir à música não como uma atividade terapêutica, que cura, faz bem, mas sim como a manifestação direta de conflitos, de aspectos individuais que funcionam de maneira inadequada ou incompleta. A disfunção musical poria, então, em evidência a existência de problemas que deveriam ser especialmente solucionados e não simplesmente percebidos, como tem sucedido freqüentemente durante as gerações que nos precederam.

— Que implicações tem a música usada como diagnóstico para a educação musical e para a musicoterapia?

Toda atividade musical é uma atividade projetiva, algo que o indivíduo faz e mediante a qual se mostra; permite, portanto, que o observador treinado observe tanto os aspectos que funcionam bem no indivíduo, como aqueles aspectos mais incompletos ou em conflito, seus bloqueios, suas dificuldades. Esse dado é de fundamental importância para a educação musical porque, a partir daí, o professor poderá organizar sua estratégia, elaborar seu plano de operações. Também é importante para a musicoterapia, sobretudo no que se refere à personalidade e à

---

1. Conferências pronunciadas na Associação Argentina de Musicoterapia, Buenos Aires, setembro de 1980.

formação do musicoterapeuta. Basta pensar nas conseqüências negativas que teria uma suposta musicoterapia exercida por um profissional com sérios problemas musicais. É tão freqüente encontrar, por exemplo, pessoas que gritam, de vozes ásperas e desagradáveis, entre aqueles que deveriam sensibilizar o ouvido e educar a voz dos demais. Mas, quão pouco conhecem a si mesmas essas pessoas! Nem sequer suspeitam a enorme tensão interna e os conflitos que manifestam através da voz.

Assim como um psicoterapeuta, para poder clinicar, além de estudar psicologia, deve psicanalizar-se — o que se conhece com o nome de psicanálise didática —, é igualmente lógico que um musicoterapeuta conheça a si mesmo. Embora seja verdade que ninguém pode mudar seus gens, essa "matéria-prima" que recebemos ao nascer, trata-se de trabalhar melhor, de fazer render ao máximo pelo menos aquilo que temos. Partimos assim do conceito, com o qual nos deparamos na atualidade, de que cada um de nós não é apenas o produto de uma educação boa ou equivocada — a culpa não é toda dos pais ou dos professores —, mas tampouco é o resultado exclusivo daquilo que trazemos no momento de nascer: somos exatamente as duas coisas.

Há muitos anos, alguns educadores jovens e otimistas sustentavam que todas as pessoas poderiam chegar a musicalizar-se no mesmo nível. A experiência nos mostra, entretanto, que cada máquina rende na medida de sua qualidade intrínseca. E não estou me referindo a um ser humano em termos de máquina como algo mecânico, mas sim em termos de estrutura funcional.

*Vamos fazer um pouco de história*

Há mais ou menos vinte e cinco anos, quando comecei a trabalhar no Collegium Musicum de Buenos Aires como professora de iniciação musical para crianças, um dia uma colega me disse: "Você já reparou que as crianças que desafinam geralmente têm algum problema psicológico?". Eu, que havia tido uma educação acadêmica muito boa, pensei: "O que terá a ver o problema pessoal de um indivíduo com o afinar ou desafinar?" Para mim tratava-se de uma relação completamente nova, e a frase da minha colega me levou a prestar atenção a fatos que logo me inquietaram muito e que chegariam a constituir, com o tempo, uma das preocupações básicas na minha vida e no meu pensamento profissional.

Comecei, a partir de então, a observar com atenção as crianças que desafinavam nas aulas de iniciação musical, tratando de descobrir se eram inseguras ou complexadas. Mas a experiência se estendia também em outros sentidos, uma vez que, como pessoa formada academicamente, tinha, apesar da minha juventude, falhas a nível profissional. Eu pensava, por exemplo, que alguém que estava sendo educado musicalmente tinha, por definição, que estar sempre bem e sem problemas.

Durante o longo período em que, depois, fui assessora pedagógica no Collegium Musicum, das crianças e, dos jovens, tive oportunidade de visitar as classes de praticamente todos os meus colegas. Certa vez, ao assistir a uma aula de uma professora que tinha muito boa reputação como pedagoga, as crianças inventaram uma melodia para uma rima, cantando espontaneamente sobre os sons *sol-mi-do*; então, a professora, sem verificá-la previamente em seu instrumento, fez com que fosse escrita *la-sol-mi*. Por quê? Aparentemente condicionada pelo emprego sistemático do método Kodály e do método Orff, esperava *a priori* que as crianças inventassem suas melodias com *la-sol-mi*, mas acontece que dessa vez tinham utilizado os sons *sol-mi-do*. A classe inteira já estava anotando em seus cadernos a melodia com os sons errados e eu, meio assustada, meio indignada, indagava o que é que estava acontecendo ali. Parecia incrível, principalmente porque se tratava de uma pessoa com ouvido absoluto e um excelente *curriculum*. Posteriormente, comentei o fato ocorrido com o maestro Guillermo Graetzer que, além de ser um dos fundadores do Collegium era um dos meus colegas de mais experiência. Como naquela época aquilo me parecia terrível (hoje não há nada que me pareça terrível), Graetzer me disse algo simples, mas muito profundo: "Trata-se, verdadeiramente, de uma pessoa muito bem-formada; seguramente estava num dia ruim." Eu lhe respondi: "Nem ao pé do túmulo eu ouviria *la-sol-mi* por *sol-mi-do*." Entretanto, com o passar dos anos, aprendi que sim, que se pode ouvir qualquer coisa por qualquer coisa e que essa professora, evidentemente, nesse dia tinha qualquer problema que distorcia sua percepção musical e fazia com que parecesse deslocada.

Muitas outras experiências desse tipo me fizeram prestar atenção, posteriormente, a esse assunto. Assim, com o tempo, comprovamos que não apenas os motivos pessoais, físicos e psíquicos incidem na percepção musical, como em qualquer outro tipo de percepção (quando estamos mal nos sentimos desligados, embora tenhamos as maiores aptidões e o melhor ouvido do mundo), mas também os motivos externos, como por exemplo a temperatura, a pressão ou a umidade ambiente. (Num dia ruim comprovamos, entre os alunos do Conservatório, que nem os de melhor ouvido conseguiam ficar no tom correto, e que quando há anomalias desse tipo que persistem durante todo um período de aulas, significa que existe um fator ambiental que incide negativamente, fazendo baixar o rendimento geral.)

Esses fatos são realmente positivos porque nos fazem ver a atividade musical como uma atividade realmente humana. Por mais que sejamos maquininhas, computadores, dotados de um bom sistema, que o nosso córtex cerebral disponha de receptores específicos para todo tipo de informação, sempre existirão certas interferências impossíveis de serem controladas.

— *Então começou outra etapa: a época de querer solucionar todos os problemas*

Nós, os educadores que estávamos então na vanguarda, afirmávamos como *slogan* que a música é para todos:

que todas as pessoas podem atingir um bom nível de realização musical e que tudo, absolutamente tudo, pode ser conseguido com uma boa educação.

Lembro também que a professora Eva Kantor, que ensinava violão na mesma instituição, quando tinha dificuldade para fazer afinar o canto de um aluno que se acompanhava ao violão, a meu pedido, encaminhava-o para minha aula de educação auditiva. Então, como se tratasse de uma demonstração de virtuosismo acrobático, eu conseguia com bastante facilidade fazer com que afinasse; a tal ponto que cheguei a pensar com juvenil onipotência que com a minha simples presença eu estava transmitindo a esse aluno a capacidade de se afinar, uma vez que na minha presença cantava bem, embora logo tornasse a recair em seu problema.

Em alguns casos a melhora era duradoura; em outros não. Mas, de qualquer modo, esses tipos de experiência determinaram uma verdadeira aventura pedagógica, já q' se tratava de uma atitude positiva e sadia em franca re' lião contra o critério do momento e da época que consi' em aconselhar: "É melhor dedicar-se a outra coisa, por nisto você não vai progredir." Na década em que j fazia "nova pedagogia musical" ainda despediam-se fessores de música em certas instituições privadas d' guarda, não porque desafinassem, mas porque de aula de música no inverno com as mãos no bolso. ' não se pedia ao professor que tirasse a mão d' Evidentemente, porque se tomavam todas as coi absolutas, estáveis, impossíveis de serem modif:

Circunstâncias como essa nos levaram a ç atitude totalmente diferente e a resgatar para para a educação musical algumas pessoas r desenganadas por outros colegas e que depoí maram em notáveis e destacados pedagogos

— Mas a pedagogia musical não podia c

Através de uma experiência que durc prolongou-se, sem interrupções, até a atı em mais de uma oportunidade, que retroceder em algumas crenças absolutas e reconhecer que *a pedagogia não podia solucionar uma série de problemas, mesmo que demonstrássemos que a pessoa não tinha seu sentido musical lesado*. (Já vimos que a presença, o estímulo, o gesto positivo do pedagogo, freqüentemente atuavam como fator desencadeante, capaz de mobilizar aqueles que, tendo a possibilidade de atuar, não conseguiam desempenhar-se musicalmente no nível adequado.)

Meu trabalho e o de alguns colegas que se interessaram pelo tema tendiam a chegar a uma técnica pedagógica cada vez mais direta, mais pura, mais incisiva, ao ᴉtar de solucionar certos problemas de comportamento ᴉical. Todavia, muitos deles demonstraram ser indiferᴉ ao treinamento e às técnicas de educação e reedu- (Educável é uma pessoa que aprende e reeducável que, embora a princípio tenha sido mal ensinado, e se mostra capaz de corrigir os mecanismos ᴉ.)

*"versus"* psicoterapia

que me senti induzida a pesquisar as causas ᴉsical fora da música. Isso deu origem a de equipe que empreendi com uma psica- Aires, com quem iniciaram tratamento mais difíceis. Essas pessoas foram atenᴉte pela pedagoga — que nesse caso ᴉcanalista, durante períodos que osci- ᴉ até vários anos.

experiência permitiu-nos integrar do campo da pedagogia por um outro.

*capacidade de aprender*

48 ᴉam encaminhadas por mim ᴉento em que reconheci mi-

nhas limitações. Intuí que suas dificuldades musicais tinham ver com seus conflitos de personalidade. E pensei que alguém se ocupasse realmente em ver o que acontecia esses indivíduos, talvez fosse possível corrigir a inse- pessoal que os fazia desafinar, o bloqueio afetivo pedia de se expressarem quando tocavam o ins- bloqueio físico que fazia com que se tornassem tensos ao cantarem ou interpretarem, sem a técnica corporal lhes permitisse superar lidade ou as agudas dores musculares e esses indivíduos fossem aconselhados ão pedagógica, não conseguiriam se- deles.)

problemas que afetam a mente cuta uma melodia, tem bom orreta e eficaz para decodi- er melodia tonal ou ato- ia compreensão pode-se rende, não entende, é mental.

o, que tem um versei algumas disse: "Mas a um ditado mos assim para con- que está — uma espe- seu na- u pro- a de cabeça problema Não devemos pensar, necessariamente, que um indivíduo é pouco dotado por não conseguir êxito: simplesmente poderia ter a sua capacidade de pensar afetada ou bloqueada e não pode, por isso, usar sua cabeça para compreender a música."

Os bloqueios mentais desse tipo afetam também atenção, a concentração e a memória. Um dos alur enviados por mim à psicanálise destacava-se por sua i ligência, musicalidade e sobretudo pelo bom ouvido, não podia concentrar-se. Só o conseguia quando ᴇ trabalhando comigo, na aula; estudávamos juntos ʔ obra, mas depois a esquecia rapidamente. Sua f motivação contrastava com seu alto grau de musⁱ e com seu amor — mas principalmente com sᴠ dência emocional — pela música.

— *E também a criatividade*

Outros tipos de bloqueio afetam a par liberdade expressiva do indivíduo. Se lhe invente algo, procede como aquela criança dᶜ eu dizia durante a aula de piano: "Vamos' diz uma coisa, uma musiquinha." E ele *fá sol*. "E agora, diga outra coisa." Ele t *mi ré do*. "E agora outra coisa diferentᴇ "E agora, uma bem bonita": *sol fá* Essas pessoas não saem disso porque porque algo dentro delas está alterᐟ desenvolveu. Sua falta de liberdade blemas internos. Certos entraves à chegaram a nos interessar muito ʼ

— *Música e profissionalismo*

O que tornava esses casos dores de uma atenção urger acompanhava de continuar cᶜ converterem em profissionaiʼ nal em música ou em qual que tem a *capacidade* de v algo autônomo, separado dele; que é capaz de considerá-lo como um objeto.

Àquela jovem do Conservatório eu dizia: "Mesmo com uma capacidade auditiva mínima, uma pessoa tem a possibilidade de decodificar a informação que recebe: pode explicar, por exemplo, que tal melodia é um fragmento de escala maior descendente ou que aquela outra é um acorde quebrado ascendente que depois desce por graus conjuntos etc. Quando não pode dizer nem explicar nada, não é porque careça de audição, mas sim porque não realiza uma atividade mental em relação ao código da linguagem musical."

— *Distância ideal sujeito-objeto musical*

E isso, a que se deve? Segundo minha hipótese, ao fato de que a música se encontra excessivamente próxima a essa pessoa — ou essa pessoa excessivamente perto da música —; junto dela ou agregada em sua cabeça, quase como se fosse um chapéu. Deveríamos ter a possibilidade de "afastar" de nós a melodia que escutamos para poder observá-la e chegar, assim, a captar seu significado. Colocá-la a certa distância, como qualquer dos objetos que nos cercam e que podemos descrever. Se não posso descrever o que acabo de escutar é porque não consigo localizá-lo longe de mim e porque, por encontrar-me muito perto, não consigo vê-lo como objeto autônomo.

Isso é o que, em essência, acontece. O objeto não está diferenciado do sujeito, e a música — que deveria ser um objeto assim como um violão, uns óculos, um lápis — aparece como algo etéreo, abstrato. Como os sons não são coisa que se possa guardar no bolso ou dentro da carteira, dão às vezes a sensação de ser imateriais, não totalmente reais. Além disso, como passam e não permanecem, assustam muitíssimo algumas pessoas, especialmente aquelas que necessitam trabalhar com os sons.

Para o verdadeiro músico, o som deveria ser tão corpóreo, tão concreto, como uma mesa, uma cadeira, uma parede e ainda mais; até se poderia afirmar que, para certas pessoas — entre as quais me incluo — as percepções visuais são sumamente débeis quando comparadas com as percepções auditivas. Minhas lembranças mais intensas estão relacionadas com a audição, e não com a visão. Se assisto a um filme, é provável que em uma semana já o tenha esquecido. Isso significa que o visual, que deveria ser concreto para mim — seguramente por um viés de educação — não o é. (Eu fui educada numa época em que não se fazia estimulação sensorial, nem tampouco integração sensorial na pré-escola; creio que nessa época existiam apenas poucas pré-escolas, freqüentadas pelos filhos de uma minoria economicamente privilegiada.)

Em compensação, posso recordar perfeitamente que música foi tocada por fulano quando o conheci ou em diferentes ocasiões; ou em que tom estava tal trecho que me agradou. E isso para mim é inesquecível. Com isso quero dizer que as sensações auditivas podem chegar a ter uma extraordinária intensidade e presença; quando acontece o contrário com alguns músicos, vale a pena verificar o que está acontecendo com eles. De maneira geral podemos afirmar que existe um componente de angústia e de temor associado à música, que eles sentem como um dos objetos mais valiosos ou apreciados.

— *Conflito e sensibilidade*

Interessamo-nos especialmente em trabalhar com essas pessoas que tinham problemas com a música porque em 90 ou 95 por cento dos casos eram as mais sensíveis pessoas — quase hipersensíveis — que já conhecemos, seu amor pela música era extraordinário, e mostravam desejos ou uma necessidade quase compulsiva de dedicar-se à atividade musical. Felizmente, a música é um continente muito extenso, com inúmeras facetas, e muito diversas uma da outra, no qual é possível se encontrar um lugar digno para quase todo tipo de pessoa.

Há muitos anos, quando comecei a ensinar piano, se alguém não mostrava agilidade dos dedos, em vez de pensar: "Esta pessoa não tem aptidão para o piano", por falta de experiência e também por não existir no nosso meio uma pedagogia que me respaldasse, eu generalizava: "Essa pessoa não dá para a música." Mas logo me surpreendia muito ao comprovar que aqueles a quem eu considerava pouco dotados para a música, de repente elaboravam pequenas composições com caráter e traços originais. De onde lhes vinha essa capacidade? Como é que não podiam tocar bem o piano mas podiam compor?

Bem, suponho que hoje em dia ninguém veria nisso um motivo de surpresa: estamos habituados a tratar com jovens e interessantes compositores que tocam mal o instrumento, com pessoas com problemas de afinação para cantar que são excelentes pianistas ou violinistas, e até cantores. Há tantos cantores que desafinam e que, no entanto, conseguiram fazer carreira! E isso é bem sabido, tanto entre os que praticam a música erudita como a música popular. Dizem que Palito Ortega desafina; entretanto, seu carisma pessoal e seu tipo de voz, unidos a certos fenômenos de ordem sociológica, converteram-no numa figura aceita e valorizada por um amplo setor da população.

Graças ao trabalho realizado, puderam profissionalizar-se uma série de pessoas que, de outra forma, teriam se frustrado ou permanecido sem uma orientação definida. É bem sabido que quando um indivíduo não se desempenha corretamente numa atividade, ou continua insistindo e se transforma num profissional medíocre, ou decide desistir; no último caso levará sua frustração para o seio da família. Outros tratarão mais tarde de realizar-se através de seus filhos. Mas nenhuma das duas atitudes é realmente positiva.

Em nosso ambiente ainda somos vítimas de certos conceitos antiquados em relação à pedagogia. Por exemplo, de que para ensinar bem não é preciso ser músico. Justamente, uma das maiores diferenças entre a pedagogia antiga e a moderna é a capacidade ativa e a sensação do poder que o professor sente diante da música. Professor não é quem não teve condições de lidar de outra maneira com a música, mas sim aquele que ensina ativamente, na prática, como se fazem as coisas. Um professor se dedica principalmente àqueles que têm problemas. Não é questão de proceder como, por exemplo, nas aulas tradicionais de ditado musical, onde o professor se limita a repetir passivamente cinco, das vezes seguidas a mesma frase, sem dar aos alunos nenhuma ajuda concreta.

É verdade que a reiteração e a insistência podem a longo prazo produzir efeito em alguns casos. Mas na maioria das vezes, a única coisa que se consegue é patinar no vazio ou no mesmo lugar. Tive a oportunidade de presenciar aulas de ditado que duraram por volta de quarenta minutos e onde não se fez nada mais que escutar indefinidamente um curto trecho melódico ao piano. Poder-se-ia dizer que, nesse caso, encontramo-nos num nível inferior ao da pedagogia, anterior à ela, já que se procede como se não houvesse absolutamente nada que se pudesse fazer. A esta altura considero útil tornar a esclarecer alguns conceitos básicos.

— *Semântica musical — ouvido e atividade mental*

A compreensão musical consiste na decodificação de uma estrutura; supõe, pois, a existência e o domínio de um código. Trata-se, portanto, de um trabalho mental, e não meramente auditivo. O ouvido em si mesmo constitui apenas o meio, a porta de entrada do material e da informação sonora. Bastaria, em teoria, que existisse uma pequena capacidade auditiva para poder incorporar ou internalizar materiais que depois deveriam ser observados e posteriormente analisados. Nisso reside, por exemplo, a essência do que se conhece como "ditado musical".

— *Presença da matéria sonora*

Para que assim suceda, o som e a música deveriam ser considerados como objeto, como matéria sonora, como entidades perfeitamente diferenciadas e diferenciáveis do sujeito.

Para os músicos verdadeiros, o som, como já disse, adquire uma presença material, uma força, uma qualidade de concreção, superior às percepções que lhes chegam através de outros sentidos. Por que, então, essa sensação evanescente, mágica, que permanece associada às imagens sonoras para tantas pessoas e, lamentavelmente, para tantos músicos que aspiram a converter-se em profissionais?

— *Definição de músico profissional*

Músico profissional é, na minha opinião, a pessoa que mantém uma relação madura, objetiva com a disciplina ou atividade que cultiva; que a vê como algo claramente diferenciado dele mesmo, podendo — como no caso da arte ou do artista — chegar a introjetar nela partes ou aspectos de si mesmo — de maneira voluntária ou não —, mas sem alterar ou perder de vista sua própria essência, nem a do objeto. Em outras palavras, sem que se produza uma simbiose.

De acordo com os conceitos precedentes, profissional seria aquele que tem a capacidade de ver de fora e, portanto, de atuar sobre o objeto em questão: modificá-lo, adaptá-lo, controlá-lo.

— *Qual é o significado musical de simbiose, um termo tão corrente na psicologia atual?*

Fala-se, por exemplo, de simbiose na relação mãe-filho. Essa é uma fusão natural e desejável que se prolonga durante bastante tempo, além da separação física do feto da mãe, e que constitui uma etapa obrigatória e necessária na evolução e desenvolvimento do ser humano. Todos sabemos hoje quão desejável é que essa unidade psicofísica formada pelo bebê e sua mãe vá se dissolvendo de maneira suave e gradual.

Também é freqüente a simbiose que vincula os membros de um casal, situação doentia que só é superada com

55

uma aguda introspecção ou mediante a ajuda de uma terapia. Devido à situação simbiótica que experimentam, pareceriam perder suas próprias individualidades para fundir-se em um novo ser, pesado, inoperante, que termina por devorá-los.

Pois bem, o conflito básico que aflige alguns músicos ou aspirantes a músicos é a situação simbiótica em que se encontram com relação ao objeto amado — mais que isso, com o objeto idealizado —, neste caso, a música. É como se a fronteira divisória entre sujeito e objeto se apagasse. Na realidade, em tais casos essa fronteira nem sequer chegou a ser estabelecida, uma vez que a música nunca esteve verdadeiramente separada do sujeito, nem chegou a adquirir autonomia.

Embora seja natural e desejável a confusão que o bebê experimenta entre mãe-música-prazer (o bebê vive tudo sincreticamente: se a mãe canta para ele, *é* a música, e isso *é* o prazer; embora pudesse associá-la a sensações não prazerosas), esses "engramas" de comportamento tendem a ser naturalmente superados, com o avanço do processo de desenvolvimento. Ao crescer e amadurecer, a criança supera gradualmente a situação de simbiose; em geral, já próximo da adolescência, entende por fim o que significa a música para ela. Tratará então de descobrir o que quer: se realmente deseja compor, estudar ou escutar música, se isto foi uma decisão sua ou se lhe foi imposta em casa, ou seja, se houve uma influência externa. Então luta, rebela-se, e muitas vezes o adolescente faz com a música o que costuma fazer com seus pais: embora a ame extraordinariamente, agride-a e se afasta dela porque necessita se conhecer. Quando conseguir averiguar quem é ele, regressará à música, do mesmo modo que tornará a reencontrar-se com seus pais. Esse é o momento no qual se consolida realmente a relação pessoal de um indivíduo com a música.

— *Pais ansiosos*

O que dissemos anteriormente se refere às pessoas que amadurecem normalmente. Mas existem causas que contribuem para o desencadeamento de estados de confusão, favorecendo a aparição de situações simbióticas: por exemplo, a ansiedade dos pais produzida por uma idealização da música. Pais que são ou que não puderam ser músicos pretendem impor-se a seus filhos que terão, a qualquer custo, que ser instrumentistas e, se possível, deverão dedicar-se a um determinado instrumento, aquele que seu pai ou mãe teriam gostado de tocar.

Outros tipos de pessoas que foram obrigadas por seus pais a estudar, opinam: "Eu não obrigo meu filho; ele faz o que quiser." Então, a pobre criança terá que "fazer o que quiser", terá que decidir completamente sozinha se vai ou não estudar algum instrumento. E, se não estudar, pode acontecer que essa criatura de oito ou nove anos, que adora realmente a música, que a sente tão importante para sua vida, embora não tenha consciência disso, fique profundamente frustrada porque seus pais deixaram a seu cargo a dura e difícil tarefa de decidir.

Sim senhores, que confusão! E por que não deixam também que ela decida se vai ou não freqüentar a escola? Em qualquer país civilizado a educação musical é parte da alfabetização e de uma educação integral obrigatória, assim como o aprendizado de idiomas estrangeiros. Como ele — pai ou mãe — foi obrigado, então não obriga seu filho e pensa que está procedendo bem; pelo contrário, está fazendo um mal a seu filho, uma vez que não se trata de obrigar, mas sim de orientar, apoiar.

Eu me encontrei outro dia com a mãe de uma menina que estuda piano com uma colega que realiza comigo avaliações pedagógicas de forma sistemática. E disse a essa senhora: "Escutei gravações de sua filha e acho que ela vai muito bem e está progredindo." Então ela me respondeu: "Ai, mas é um desastre! Ela só toca bem para a professora. Eu, no começo, me preocupava, mas agora não ligo mais. Na verdade, ela não tem para quem tocar." Diante disso, respondi imediatamente: "Como não tem para quem tocar?! Uma criança estuda e faz música para seus pais. Na realidade, não toca para seus amigos, nem para a professora, nem para outra pessoa qualquer. Toca para a senhora. Como pode dizer então que a senhora não agüenta isso?"

Esses pais com conflitos são os que produzem os maiores obstáculos na situação de ensino-aprendizagem da música, à qual se une, naturalmente, às pequenas dificuldades que todos, sem exceção, temos. Não é justo pôr toda a culpa nos pais; especialmente a partir de certa idade, deveríamos pensar: é verdade, meu pai procedeu assim ou minha mãe se enganou, mas eu devo verificar agora o que é que está acontecendo comigo para tratar de superar meus próprios problemas.

A criança sabe ou intui o quanto é importante a música para seu progenitor ou progenitora e a usa para manejá-los. Quando está aborrecida com a mãe, por qualquer motivo, ameaça-a dizendo: "Não quero ir mais à aula de música, não quero estudar mais." E aparecem os pais muito sérios para nos contar: "Disse que não quer estudar mais." Ao que eu invariavelmente respondo: "E porque isso os assusta tanto? Quando tornar a dizer isso, fiquem tranqüilos e não dêem maior importância. Dessa forma, seu filho está tentando manipulá-los; em uma palavra, controlá-los."

— *Professores protetores e os outros*

A falta de informação ou, em seu defeito, a falta de intuição de alguns professores faz com que reafirmem, de forma negativa, certos aspectos míticos, ancestrais, da música. Em vez de contribuir para o processo de desprendimento e de independência de seus alunos, adotam a função de pai ou mãe, aumentando assim, consideravelmente, a tendência natural da criança a confundir-se: já não será apenas a mãe a representante da música, mas também o professor, e assim tende a generalizar tudo. Isso acontece especialmente quando o professor não está alerta ao problema e não sabe como se cuidar. Então é manipulado pela criança, mediante os mesmos recursos e técnicas com que ela domina os pais. Mas também há professores que usam a criança e a música, que tendem a seduzir e a deixar-se adorar, como se eles fossem o próprio objeto do "culto", como se eles fossem a música.

Em todo caso, a inocente música, que para esse efeito poderia ser comparada com uma pessoa, com um ser vivo ou com um objeto qualquer, é arrastada para o jogo passional que impõe sucessivas e dolorosas aproximações e recusas. A pobre música não chegará a conhecer nunca a verdadeira causa do repentino amor ou do ódio de seu confuso amante.

Lamentavelmente, essas situações de confusão ou de simbiose são muito mais freqüentes do que se pensa. Eu, particularmente, cheguei a considerá-las como a causa essencial de uma série, não pouco extensa, de anomalias que, de forma temporária ou crônica, apresentam-se nos músicos.

— *Além da dependência*

Há discípulos que me escrevem cartas ou ligam para mim para me dizer: "Quero que saiba que gosto muito de você." Isso me faz lembrar o obsessivo "mamãe, gosto muito de você", de alguns de meus filhos quando eram muitos pequenos. (Eu então pensava: "O que será que está acontecendo com ele? Deve estar se sentindo culpado por algo que sentiu, imaginou ou sonhou nestes dias. Tem medo e por isso trata de se apagar a mim.") Significa que ainda não pode se desprender, diferenciar-se bem do professor. Deve ficar claro que estou interpretando apenas a carga emotiva, e não as palavras. "Gosto muito de você!" equivale a dizer: "Gosto muito da música, mas estou totalmente confuso" (digo isso por desencargo de consciência, para que você fique sabendo).

Eu utilizo em meu trabalho pedagógico técnicas que tendem a estabelecer uma clara diferenciação entre o aluno e a música. Trato, sempre que possível, de não entrar no jogo das confusões. Desde pequenos, transmito-lhes, de uma ou de outra maneira, que a música pertence a eles; que não é minha, nem do papai ou da mamãe, que eu os ajudo, mas não sou a música. Apesar da técnica pedagógica e dos cuidados, há certo tipo de professor que ao projetar uma imagem forte e segura pode provocar involuntariamente, em alguns alunos, um efeito de deslumbramento, uma forte sedução. Esses alunos não foram seduzidos voluntariamente, mas entraram no jogo por um processo pessoal de identificação, ou por uma inconsciente e precoce rivalidade estabelecida com o professor a quem admiram. Inclusive nesses casos é preciso tratar de ajudar o aluno para que consiga ver com clareza e entender que a música como estudo ou atividade sistemática não deveria ser enfocada com menos rigor ou seriedade que, conforme o caso, a datilografia ou o inglês. E que é preciso esclarecer aquela situação tão comum: "Não sei o que há comigo; tive tempo, mas não me deu vontade de sentar para estudar piano."

— *Esperar a inspiração sentado?*

Nunca soube de ninguém que, tendo que prestar um exame na faculdade de Medicina ou de Engenharia, esperasse que os livros o chamassem. Em compensação, essas mesmas pessoas pretendem que a música os seduza, conquiste-os, porque se sentem acomodados para assumir a parte ativa. A música é vivida magicamente, como uma entidade com características quase humanas, por extensão de seus poderes naturais.

Como no amor, o amante inseguro necessita sentir-se atraído, procurado, desejado por seu parceiro para ousar a aproximação com a mínima garantia de que não será recusado. Assim, certas pessoas confundem-se com a música e não percebem que ela não dá pontapés, nem sequer responde às caras feias — coisas que podem acontecer nas relações humanas.

Por isso não se aproximam, porque temem ser recusadas pela música como amantes; temem ser impotentes, incapazes ou inaptos. E não deixam de se comparar amargamente com aqueles que se mostram capazes, com os que enfrentam, com os que vão à luta. Esses são os donos absolutos da música; os que estão predestinados a ganhar, a demonstrar que a música não resiste a eles; por isso sentem-se satisfeitos em exibir sua potência perante os demais. É o caso do intérprete, do artista, que não se inibe perante o público — pelo contrário, a falta de público o desestimula — e que parece demonstrar segurança em sua conduta e atitudes. "Agora vão ver quão bem eu toco. Vou fazer uma demonstração da minha capacidade". Quando não consegue impressionar a audiência, logo atribui tal fato à pouca capacidade valorativa e à falta de sensibilidade do público. No extremo oposto situa-se o intérprete ou artista conflitivo que se considera incapaz de mostrar qualquer coisa a quem quer que seja, e adota uma atitude de incomodidade, como se estivesse pedindo desculpas a seus ouvintes. Suas sensações aproximam-se às de uma ameaça do tipo catástrofe. Sente que se não proceder adequadamente ou se enganar, o teto poderá cair-lhe sobre a cabeça, ou ficará totalmente exaurido, sem forças.

Enquanto o verdadeiro intérprete, o artista, sente uma potência, uma energia que ele mesmo produz e que lhe serve realmente para se comunicar com aqueles que a consomem e necessitam, aquele que é incapaz de gozar, que tem medo, não pode perceber sua atitude errônea e continua acreditando que, caso se engane, se transformará no tema obrigatório de todas as conversas. Assim, as coisas crescem, avolumam-se a tal ponto que uma atividade natural e inócua pode chegar a adquirir traços de periculosidade.

— *E então?*

Trata-se, simplesmente, de uma lamentável confusão que leva a sentir o perigo imaginário como algo concreto e iminente. Porque nem seremos odiados, nem teremos um acidente no caso de não vencermos. Em todo caso, a única coisa que conseguiremos com essa atitude será contribuir, de algum modo, para que a fantasia destrutiva se materialize através do nosso fracasso, do nosso fazer mal a nós mesmos, para que nossa arma, nossa flecha seja lançada para dentro — como tantas vezes acontece — em vez de ser projetada certeiramente para o exterior. De tal forma que, no fim, cumpre-se aquilo que inconscientemente queríamos: "Embora os outros não me destruam, de certo modo, eu mesmo me destruo."

Na verdade, o indivíduo em conflito com a música, além de confundi-la consigo mesmo e de não poder se afastar para contemplá-la à distância e em perspectiva, tem uma especial tendência a se agredir. Do elevado número de pessoas que conhecemos e tratamos ao longo de nossa vida profissional com esse tipo de problemas, a maioria era de caráter introvertido, carente de afeto e de reafirmação de seu valor, com uma sensibilidade desproporcional e uma força às vezes considerável, mas totalmente reprimida, voltada contra si mesmos.

*Outra vez a psicologia*

Se não procedemos de forma científica, poderá acontecer que talvez um dia ou outro as coisas aconteçam naturalmente por um momento, ou que talvez a situação atmosférica ou cósmica consiga colocar o objeto musical num ângulo perceptível; mas todos sabemos que depois dessas fugazes aparições ele estará irremediavelmente destinado a perder-se outra vez na indefinição e no vazio.

Por isso, a única solução que vislumbramos por ora consiste em fazer com que o pedagogo e o psicólogo intervenham conjuntamente, e de maneira ativa, para corrigir e modificar esses tipos de situações confusas tão freqüentes dentro do meio musical.

2

— *Conflito e deslocamento*

Dizíamos que a anomalia a nível musical é sintoma de algo que funciona mal dentro da gente e não precisamente a música. Todos estamos hoje familiarizados com o conceito de somatização. Na verdade, toda somatização supõe um deslocamento da origem do problema para uma região aparentemente menos perigosa que a zona diretamente envolvida. Diz-se que tal pessoa somatiza seus conflitos emocionais porque em lugar de sentir mal-estar e intranqüilidade a nível afetivo ou mental, experimenta uma forte dor de cabeça, um problema estomacal — inclusive úlcera — ou asma.

Outra forma de deslocamento que também estamos habituados a ver é o medo aos animais. É verdade que alguns indivíduos têm medo de cachorro porque foram mordidos alguma vez, mas outros sentem uma grande carga agressiva por algo que lhes aconteceu, geralmente na primeira infância, e inconscientemente a transformam num medo irracional de cachorros.

Pois bem, no caso dos conflitos musicais estou convencida de que acontece algo semelhante. Por isso é que certas pessoas não se sentem à vontade na convivência com a música. Assim, do mesmo modo que os casais mal entrosados — que não se decidem a analisar o conflito, nem a cortar relações de uma vez por todas —, continuam insistindo num afazer musical problematizado que lhes causa, sem dúvida, mais pesares que alegrias.

— *Sintoma e diagnóstico*

Mas não é questão de avançar e pensar que todos os problemas musicais são desse tipo. Estou me referindo aqui apenas aos problemas musicais que se manifestaram resistentes ao treinamento e ao enfoque pedagógico específico.

Assim, por exemplo, diante de dificuldades causadas por determinadas falhas na técnica instrumental, seria lógico que se tratasse de adquirir as destrezas necessárias. Mas conhecemos casos de indivíduos que durante seis, oito, dez ou mais anos consecutivos trataram obsessivamente de adquirir a técnica adequada para tocar um instrumento, e apesar de não apresentarem falhas psicofísicas nem neurológicas, não conseguiram captar os recursos essenciais que lhes permitissem realizar de forma natural a tarefa (dando-se por aceito o fato de que nesse caso o problema não dependia do professor, que havia se manifestado competente e capaz numa série de situações similares).

Quando existe um sintoma, o habitual é realizar um diagnóstico para depois indicar, em cada caso, o tratamento adequado. O sintoma é algo que incomoda claramente, embora nem sempre ocasione problemas mais sérios à pessoa (em alguns casos, o indivíduo enfermo parece conviver comodamente com seu sintoma enquanto causa, sem saber, múltiplos estragos ao seu redor). Sintetizando: todo sintoma geralmente está associado a uma sensação de incomodidade, seja na própria pessoa que o sente ou nos que estão ao seu redor, sendo estes depositários indiretos do problema.

— *Sintomas musicais*

Uma pessoa que ama intensamente a música, que a idolatra, sofre se o seu ouvido não funciona como ela gostaria. Isso significa, na realidade, que ela não sabe como proceder: algumas vezes o ouvido parece funcionar mais ou menos corretamente; outras vezes, em compensação, não responde em absoluto. E o pior é que ele não consegue entender o que está acontecendo, como se se tratasse de uma situação mágica, ou de bruxaria.

Outro sintoma: uma pessoa que adora a música e também seu instrumento desejaria tocar, mas sente uma horrível sensação de impotência, a ponto de sentir como se o instrumento e a música lhe caíssem em cima, cada vez que tentasse tocá-lo.

Já expliquei antes de que modo cheguei a atribuir uma série de dificuldades — que mais adiante detalharei — e alguns dos sintomas musicais que certos alunos apresentavam — a uma única causa. Recordemos minha hipótese: um sujeito tem problemas com a música quando não consegue tomar distância por causa de uma relação simbiótica com ela.

Embora a música seja objeto de uma atividade específica, de uma profissão, é vivida como se fosse uma pessoa que nos causa danos, que agride, que retruca, que ameaça. Por isso é que usamos, por extensão, o conceito de simbiose. Numa verdadeira simbiose existem duas partes que teriam igualdade de condições ou oportunidades — se um dá um empurrão, o outro o devolve ou não. Em compensação, na música, quando o indivíduo não consegue tocá-la, decide que a música é má. E, por extensão, a mãe é má, a professora é má; na verdade, é mau tudo o que está relacionado com a música. Tratar-se-ia, como dissemos, de um deslocamento, uma vez que se atribuem à música conteúdos que não formam parte de sua verdadeira natureza.

Embora tenha muitos e grandes poderes, a música carece de certas faculdades que o indivíduo lhe confere com sua fantasia. Nem a música nem o instrumento têm a possibilidade de enfrentá-lo de maneira real; o instrumento, como já disse, não agride, não retruca, não odeia, não ama. Todos esses sentimentos e sensações foram atribuídos pelo indivíduo e trazidos de outro campo de sua personalidade.

— *Ajuda psicoterapêutica*

Então, a pergunta que cabe é: quem soluciona esses casos? Sem dúvida alguma, trata-se de problemas específicos que concernem à psicoterapia. Um tratamento psicoterapêutico não enfoca apenas o aspecto musical (não conheço até agora nenhum tratamento que esteja dedicado especificamente ao aspecto musical de um indivíduo), mas toma a pessoa como um todo; ao abordar e tratar de solucionar os conflitos básicos, necessariamente vai aparecer a música, se essa pessoa levar este assunto à análise.

— *Casuística*

Vou me referir, em seguida, a sintomas que encontrei e tentei solucionar durante muito tempo — embora sem êxito — através de procedimentos exclusivamente pedagógicos.

*Primeiro caso.* Um pianista profissional, que não tem maiores dificuldades em seguir sua carreira, apresenta problemas na audição musical e na reprodução de melodias, desafina ao cantar e nem sempre consegue realizar corretamente um ditado musical, apesar de seu indiscutível ouvido absoluto. Vamos fazer aqui um breve parênteses:

O *ouvido absoluto* estaria bastante envolvido no tipo de problemas a que nos referimos agora, porque essa forma de audição supõe um tipo de relação muito particular do indivíduo com as alturas ou freqüências sonoras. Algumas crianças ouvem, desde muito pequenas, as alturas como se se tratassem de entes concretos: em lugar de perceber relações ouvem alturas absolutas, isoladas. Na verdade, poder-se-ia afirmar que nem sequer ouvem as alturas, mas nomes, etiquetas de sons. Porque o indivíduo que tem ouvido absoluto pode estar escutando uma melodia num registro agudo ou mais grave, mas apenas percebe que se trata de certas notas (sol-fá-lá-ré, por exemplo), sem se importar muito com o lugar onde se localizam; há casos em que, quando interrogado sobre o desenho de alturas que conformam esses sons, o sujeito tem que refletir: do *sol* vai para o *fá* e do *lá* vai para o *ré*, ou seja, primeiro, desce e depois sobe para descer novamente. Isso acontece porque o ouvido absoluto só lhe dá o nome dos sons, mas não os desenhos nem as relações entre eles.

Por isso as pessoas que têm ouvido absoluto e não desenvolveram ótima e adequadamente seu ouvido relativo, funcionam de uma maneira bastante elementar diante das alturas sonoras. É como se cada som valesse por si mesmo e lhes fosse difícil, senão impossível, relacionar e generalizar. Da mesma forma que um bebê que perde a chupeta e recusa a que lhe oferecem em troca porque sente que a sua — perdida — é; a outra, em compensação, *não é*.

Para o ouvido absoluto, se um som é *lá* não pode ser nenhuma outra coisa; o intervalo lá-ré pouco ou nada tem a ver com o sol-dó, embora em ambos os casos se trate de uma quarta ascendente, de fatos diferentes, mas que têm um traço em comum. São vividos como situações concretas, únicas, não generalizáveis. Portanto, esse tipo de ouvido, em suas formas mais puras, constitui uma etapa primária, infantil na formação musical, prévia à formação dos conceitos musicais, que supõe a possibilidade de se estabelecer relações.

Os indivíduos com ouvido absoluto — como era o caso da pessoa a que estou me referindo — não demonstram maior sensibilidade que outros para cantar afinado. Pelo contrário, poderíamos dizer que deverão dedicar-se intensamente para conseguir um canto afinado: a tal ponto que muitas vezes consigo detectar um ouvido absoluto, não pela maneira de escutar mas pela maneira de cantar e de ler um texto musical e até pela peculiar maneira de desafinar, porque todas essas formas pessoais que temos que chegar à música nos definem e formam parte de nossa personalidade musical. E como no caso da chupeta, é possível que se tenho ouvido absoluto e sou mulher, consiga escutar com maior nitidez as notas entoadas por uma soprano que, comparativamente, o canto de um barítono, o qual, em matéria de altura, apareceria sumido numa densa indefinição.

*O ouvido é o aspecto mais idealizado do músico, o que define sua identidade.* Se um pianista desafina, poderia pensar: "Bem, não faz mal. Afinal, ninguém vai ficar sabendo que eu desafino." Mas acontece que o seu superego fica sabendo; envergonha-se disso e se sente diminuído. No fundo, esse pianista descontente em muitas boas razões para desejar o tipo de ouvido que gostaria de ter, apesar de não apresentar problemas motores nem interpretativos com seu instrumento.

As perturbações da expressão sonora aparecem quase sempre associadas a perturbações de ordem perceptiva. Quando um músico não consegue decodificar uma melodia muito simples, isso significa que seu "computador", que deveria dizer-lhe "Isso é tal coisa", não está funcionando adequadamente. Embora o ouvido funcione sem problemas específicos, uma vez que é capaz de registrar diferentes fatos sonoros — uma batida, cadeiras arrastadas, alguém que chama —, quando se trata de reconhecer os sons de uma melodia — apesar de dispôr dos elementos de análise e de um método adequado —, não consegue fazê-lo porque o que realmente se encontra inibido é o funcionamento mental em relação ao fato musical.

*Segundo caso*: Trata-se de uma mulher jovem — 24 anos — com um ouvido excelente, com uma grande capacidade de improvisação, sem problemas a nível musical, mas com tremendas dificuldades de concentração e, como conseqüência, de memória. Não consegue fixar o que estuda. Durante anos, vai e volta com seus métodos e partituras, e apesar de todos seus amigos e companheiros tocarem de cor — ela mesma, quando era pequena, fazia isso, pois estuda música desde os quatro ou cinco anos de idade —, não consegue concentrar-se. E essa situação se prolonga por muito mais tempo do que costuma durar uma crise normal.

Observamos reiteradamente, ao aproximar-se a pré-adolescência, que a criança começa a sentir-se intranqüila e afasta-se da música durante algum tempo. Mais tarde, durante a adolescência, irá se definindo lentamente em sua relação com a música, ao mesmo tempo que começam a afirmar-se diversos aspectos de sua personalidade.

Depois aparecerão outras crises (de amadurecimento, de criatividade), mas se trata sempre de anomalias periódicas que todas as pessoas experimentam em diferentes épocas de suas vidas. Quando sua duração é normal, não chegaremos a pensar na existência de um verdadeiro problema; mas se uma crise persiste e se torna crônica, é imperativo realizar certas manobras. Não é possível, então, que um professor permaneça passivo quando vê que o aluno não progride ou o faz de forma muito descontínua.

Essa pessoa que tinha dificuldade para se concentrar somente o conseguia, em parte, quando tinha aula comigo. Acontecia a mesma coisa que com aquele violinista que cantava afinadamente na minha presença. Compreendi, então, que de certo modo eu estava desempenhando o papel de uma pajem, de uma mamãe, da pessoa que gosta dela, cuida dela e crê nela. Por sentir-se mais segura, não tinha necessidade de manifestar o sintoma na minha presença, embora o fizesse sempre que eu não estivesse presente. E isso não me agradava, de forma alguma. Embora durante o período de uma hora de aula conseguisse assimilar, fixar ou dominar algo, ao voltar para casa desligava-se novamente e não tornava a pensar na obra aprendida durante toda a semana; não obstante, não abandonava o estudo. Podia ter pensado: "Se não consigo é porque não tenho interesse; então é melhor me dedicar a outra coisa"; mas em vez disto, sofria e se sentia culpada.

Por não render na medida em que se sabem capazes, esses indivíduos começam a se agredir. No início, o professor trata de livrá-los de suas culpas, mas na realidade adverte que dessa maneira não se soluciona nada, porque aparece como se ele mesmo fosse responsável por tudo. É como consolar alguém que se queixa de ser gordo ou feio dizendo-lhe: "Não, você é lindo" ou "Bem, para mim você é lindo". Não pode ser! Problemas como esse devem ser corrigidos a fundo. Por tal motivo, esse caso também foi encaminhado à psicanálise.

*Terceiro caso.* Uma pessoa inteligentíssima e com um ouvido extraordinário, mas que ao improvisar — nós improvisamos muito, desde o começo — mostrava um mundo angustiante, uma tremenda carga. Entretanto, não perdia a oportunidade de tocar diante de todo mundo; como procedia de maneira tremendamente compulsiva, eu sentia que sua mensagem, aquilo que levava por dentro, me inquietava.

Diante dessa situação eu via duas possibilidades: ou polia e dava um toque estético às suas criações, introduzindo de fora um maior equilíbrio no fraseado — combinando ou ordenando, por exemplo, as perguntas e respostas melódicas — ou tratava de descobrir, com mais profundidade, o que se passava no seu interior; mas essa última possibilidade, a meu ver, transcendia a esfera da minha especialidade. Como o meu método consiste em recolher o que há em bruto e trabalhar sobre isso, não houve da minha parte tentativas de transformar aquilo em algo mais bonito, mas sim de fazê-lo mais humano, mais ordenado e mais claro.

O sintoma desenvolvido por essa pessoa era bem diferente dos que mencionamos anteriormente, já que não evidenciava problemas de audição e nem sequer de capacidade de expressão (ao tocar músicas de outros podia interpretá-las normalmente); além disso, escutava e decoficava corretamente as estruturas sonoras.

*Quarto caso*: Sugerimos também o tratamento psicoterápico a uma aluna muito musical e muito inteligente que não conseguia encontrar a maneira de se expressar ou se descarregar afetivamente ao tocar seu instrumento. Existia um evidente bloqueio afetivo que fazia com que tudo o que tocasse soasse mecânico.

Quando se fala de expressão, em geral não se integra tudo aquilo que o conceito envolve. Na verdade, a expressão é tudo: um ser humano se mostra fisicamente, se mostra através de seus sentimentos, através de sua atividade mental e através de sua atividade de comunicação. Quando dizemos: "Esse artista é muito expressivo", geralmente nos referimos com exclusividade à parte afetiva, o que revela um enfoque parcial. Eu freqüentemente reconheço que certos intérpretes não me sensibilizam por falta de uma adequada canalização de suas energias a nível físico, embora se detecte no seu toque uma boa dose de afetividade. Outro tipo de artista demonstra entender perfeitamente a obra que executa, assim, está se expressando adequadamente, a nível mental, mas não consegue atingir a sensibilidade do ouvinte por não ter mobilizado, ele mesmo, sua própria afetividade. Por isso preferimos considerar a *expressão como uma conduta integral do ser humano*, embora ela constitua apenas uma espécie de meta: um indivíduo expressivo seria, pois, aquele que se expressa o mais amplamente, o mais integralmente possível.

Pois bem, voltemos então ao caso dessa jovem a quem tanto lhe custava expressar-se a nível afetivo. Fato curioso: fazer música é, para certos indivíduos, como despir-se em público. Embora possa ocorrer que pessoas com extremo pudor e tímidas no aspecto social se comportem sem inibições em sua atividade artística. De qualquer modo, podemos afirmar que a falta de força e direcionalidade no impulso afetivo impede que se estabeleça uma comunicação.

Na atualidade, esse aspecto é levado em consideração por todo o enfoque pedagógico. Já não acontece como na época da minha infância, quando no conservatório os alunos estavam, de fato, divididos em dois grupos: os expressivos, que, como regra geral, tocavam de modo descuidado, e os que tinham boa técnica, mas eram frios e inexpressivos.

Os gênios, como bem sabemos, são poucos; mas, de qualquer maneira, em todas as gerações sempre houve alguns indivíduos mais generosamente dotados que manifestavam tanto capacidade técnica como expressiva. O problema residiria, então, em como proceder para dar vigor ao inexpressivo e maior rigor técnico ao mais sensível ou ao mais impulsivo. Nisso consiste precisamente o enfoque atual da pedagogia, que não permanece impassível ou inativa diante da realidade do educando: se ele apresenta aspectos positivos juntamente com alguns problemáticos, tratar-se-á de melhorar os aspectos em conflito e integrá-los com os positivos, na busca de uma maior unidade e desenvolvimento. Por isso dizemos que a pedagogia atual sente-se responsável diante de todas as formas de expressão — afetiva, física e mental — e trata, assim, de contribuir ativamente para a evolução individual.

Quando uma pessoa se encontra em crise, observamos que, freqüentemente, o bloqueio afetivo é acompanhado de um bloqueio físico, a ponto de já não se saber o que é que está mais tenso: se é o corpo que impede que a música passe ou se é o espírito que impede que o corpo se comunique. Na realidade, ambos os aspectos estão intimamente relacionados.

*Quinto caso.* Um ouvido magnífico, mas com sérios problemas de aprendizado. Essa pessoa não havia estudado harmonia, mas se mostrava hábil no teclado, de ouvido. O difícil era fazê-la tomar consciência de alguns aspectos, dos mais elementares, de sua própria prática. Revisávamos os processos de forma mais simples, freqüentemente apelando para simples palavras de ordem de improvisação. (Quando o aluno respeita a palavra de ordem para improvisar é porque a entendeu. Caso contrário eu a repito para comprovar se existe um problema de comunicação vinculado com a linguagem. Geralmente utilizo um código muito direto.) Mas, freqüentemente, era como se falássemos duas línguas totalmente diferentes.

As dificuldades na compreensão devem-se ao fato de que esses indivíduos bloquearam inconscientemente o funcionamento de seus mecanismos mentais em relação à atividade musical; isso é bem freqüente, em virtude da música, uma vez mais, ter sido objeto de tanta fantasia, de tanta mistificação. Um dos mitos mais correntes, por exemplo, sustenta que a música só corresponde ao campo afetivo e que para fazer boa música não é preciso pensar. Entretanto, os estudantes sem problemas descobrem logo que na música também é necessário pensar, embora de uma forma bem diferente da que se costuma normalmente.

— *Expressão — Sublimação e catarse*

Na verdade, todas as profissões, de alguma forma, permitem uma sublimação da própria força, da energia de todo signo. Pensemos apenas na quantidade de agressividade que necessita sublimar um pianista que executa uma *polonaise* de Chopin ou uma balada de Brahms. Eu costumo impulsionar verbalmente as crianças quando estão fazendo música no teclado: "Vamos ver, tocando bem forte agora! Mate-a (a tecla)! Pense em alguém de quem você está com raiva e bata nele." Desde muito pequenos eu lhes mostro: "Olhe como este dedo espeta o piano; Olhe como é que você está fazendo! Se você fosse piano sentiria... assim." Pretendo, desse modo, que percebam certo tipo de relação, freqüentemente reprimida, que existe entre o instrumentista e seu instrumento.

Essa é uma maneira de usar o instrumento para a própria comunicação. É verdade que começamos promovendo, em alguns casos, uma descarga maior, que "espirra" para todo lado; mas de algum modo é preciso começar. Não iniciamos com atitudes sofisticadas, pedindo acadêmicos *crescendos* ou "bonitos" estereotipados para o principiante. Ele não poderia cuidar e cuidar-se tanto logo de entrada: em conseqüência, às vezes soará algo duro, feio ou martelado. Mas também o escultor parte de uma rocha dura e tosca à qual vai lapidando e dando forma com golpes certeiros.

A certas pessoas muito inibidas, eu lhes digo: "Toque forte; se passar da medida, eu aviso", ou a alguém com problemas de expressão: "Faça pose de artista, sinta-se como um cantor do Teatro Colón." O aluno pensa: "Na realidade, eu só sou aquilo que represento" e dessa maneira fica mais tranqüilo que se eu lhe pedisse: "Vamos ver, toque com mais arte." Eu me lembro como ficava inibida quando, em minha época de estudante, o professor me pedia nervosamente: "Expresse-se! Expresse-se!", sem que eu pudesse sequer me atrever a perguntar como se fazia para me "expressar".

Há algum tempo recebi uma aluna nova, de treze anos, que havia aprendido a tocar piano de ouvido, em casa, orientada esporadicamente por seu pai, que era músico. Um dia, durante o terceiro ou quarto mês de aula comigo, de repente participou a seus pais que não queria mais estudar, nem ser pianista. E deu um pretexto qualquer: "A professora me pede que 'espete' com os dedos, mas eu não sei o que ela quer dizer com isso."

Estive por volta de hora e meia conversando com os pais. Perguntei se tinham respondido às colocações da mocinha e se eles haviam pensado em dizer-lhe que me expusesse de forma direta suas dúvidas e questionamentos. Não tinham pensado nisso! Estavam tão assustados! Então eu tratei de lhes explicar que não apenas uma vez, mas cem vezes, a menina tentaria repetir a manobra, se eles não percebessem em tempo seus mecanismos. E lhes disse que todo professor necessita dispôr de um período de confiança e tranqüilidade para estabelecer um livre e frutífero contato com o aluno. Que sua filha era excessivamente perfeccionista e que, como tal, exigia demasiado de si mesma (embora não treinasse o suficiente) e se martirizava cada vez que não conseguia os resultados que havia desejado. Embora aos outros, os não perfeccionistas, os resultados não sejam tão importantes — quando algo lhes sai mal, quem tem que agüentar são os outros —, as pessoas muito exigentes consigo mesmas ou insistem e se destacam realmente, ou acabam contraindo uma úlcera ou qualquer outra doença por tudo o que não conseguem pôr para fora de si mesmos.

Consegui finalmente convencê-los de que não convinha interromper nesse momento as aulas de sua filha.

Quando a menina voltou à aula de piano, esperei a oportunidade para perguntar-lhe brincando: "Então você não sabe como é que se espeta? Vamos ver, explique-me o que é espetar pra você... Espete-me. Eu te espeto etc..."
Evidentemente, tratava-se de uma tentativa inconsciente de dominar os pais. Ela pretendia que eles a ajudassem a superar sua crise de indecisão (através de sua atitute estava querendo dizer: "Parece que não vou dar pra isso"). Em vez de ajudá-la, os pais uniram-se a ela e, sem querer, reforçaram seu ceticismo.

Tratava-se de uma dessas pessoas que realmente necessitam da música para viver. Porque todo professor deve sentir, verificar quem são aqueles que necessitam tanto da música como necessitava essa adolescente. Então, se tivéssemos suspendido as aulas de piano, os pais, sem sequer suspeitar, teriam-lhe inflingido um grande castigo, induzidos por ela mesma. Talvez nesse caso, como em outros que conhecemos, quando crescesse lhes diria: "Por que não me obrigaram?"

Aqui, quem "obrigou" foi a professora. Eu esclareci a situação aos pais, dizendo-lhes: "Vocês sabem que eu facilmente poderia interromper as aulas e começar na próxima semana com qualquer outro aluno dos que estão esperando que eu tenha hora, mas não é isso o que devo, nem o que quero fazer." Todo indivíduo projeta de mil maneiras o que é, o que quer e muitas coisas mais sobre si mesmo. Nós, pedagogos, estamos bem treinados para perceber essas mensagens. Essa adolescente demonstrava que necessitava da música tanto quanto do ar; mas também me passava que era excessivamente perfeccionista — mais papista que o Papa —, quase mais exigente que o próprio professor. Eu talvez tenha cometido com ela a imprudência de mostrar também meus próprios aspectos perfeccionistas (talvez inconscientemente, por saber que estava trabalhando com a filha de um colega músico, eu me sentia vigiada e exposta à crítica). Teria sido muito melhor, sem dúvida, deixar as coisas mais livres e mais soltas.

Posteriormente falei com a menina e lhe expliquei que teríamos que nos ajudar mutuamente até conseguirmos nos comunicar bem; que isso levaria tempo, pois treze anos é muito tempo e era difícil para ela deixar de considerar o pai como professor. (Rebelar-se contra o estudo e contra o professor era como afirmar: "Olha papai, no fundo você ainda é o melhor. Eu gosto de você." Estava confusa! Por isso era tão importante conversar, esclarecer, para poder continuar de uma maneira sadia e positiva.)

— *Conclusões e precauções*

Gostaria de destacar novamente o cuidado com que devem ser encaminhados casos como esses aos que me referi que, invariavelmente, manifestaram-se resistentes à pedagogia. Trata-se de um tema delicado e, sobretudo, não apto para generalizações ou diagnósticos prematuros. Já se disse que na situação de ensino-aprendizagem da música, o primeiro passo a ser dado é trabalhar — e arduamente — antes de se pensar sequer em causas indiretas. Seria como enviar logo de entrada para tratamento psicológico alguém que manifesta claros sintomas físicos, sem haver realizado previamente todos os exames e tratamentos específicos.

É indispensável que um professor ou um musicoterapeuta conheçam a fundo seus mecanismos musicais e também se conheçam a nível psicológico, pela quantidade de aspectos em conflito que poderiam chegar a projetar e as confusões que isso ocasionaria em seus alunos e neles mesmos.

## III. PERTURBAÇÕES DO CANAL MUSICAL NOS MÚSICOS

## (ALTERAÇÕES FUNCIONAIS DE CERTOS COMPONENTES DA MUSICALIDADE) [1]

Observamos reiteradamente, na prática pedagógica, que um número significativo de alunos — adultos, jovens e também adolescentes — que desejam tornar-se instrumentistas, cantores, maestros, compositores ou musicólogos, experimentam dificuldades apreciáveis em certas *áreas musicais*.

Embora a pedagogia tradicional costume descartar esse tipo de pessoas como futuros profissionais, o fato de demonstrarem, ocasionalmente, aguda sensibilidade para a música, uma inteligência geral de alto nível e, sobretudo, um depurado e compulsivo amor pela arte dos sons, levou-nos a um interesse profundo por essa problemática.

Assim, encontramos uma variedade de desordens crônicas que aparecem isoladas ou em diferentes combinações, resistentes ao treinamento ou à prática metódica e que afetam tanto a área da percepção como a da expressão musical. Nosso trabalho se refere especificamente aos cinco indivíduos que mencionamos a seguir:

N.° 1. Pianista profissional (33 anos), ouvido absoluto: *desafina quando canta e tem dificuldades ocasionais para perceber e diferenciar estruturas musicais simples.*

---

[1]. Trabalho apresentado no XIV Congresso Internacional de Educação Musical, organizado pela *International Society for Music Education*, Varsóvia, Polônia, julho de 1980.

N.º 2. Estudante de piano (22 anos), improvisa profissionalmente em aulas de dança e expressão corporal, ouvido extraordinário e boas condições musicais: *atenção lábil impede que se concentre e, portanto, que memorize e corrija as obras que estuda no instrumento.*

N.º 3. Estudante adiantada de piano (23 anos), pedagoga profissional (com principiantes), excelente ouvido, muito inteligente: *ao improvisar livremente no instrumento, demonstra compulsividade, esteriotipia e rigidez na estruturação musical.*

N.º 4. Estudante adiantada de piano (21 anos), pianista semiprofissional, ouvido absoluto, boa concentração, muito inteligente: *tem dificuldade para se expressar ou "soltar-se" a nível afetivo no instrumento; tônus muscular elevado.*

N.º 5. Estudante de piano (42 anos) pedagoga profissional (com principiantes), improvisa com fluência: *não consegue integrar o nível mental com a prática musical (improvisação, audição). Ao operar exclusivamente a nível afetivo ou intuitivo e negando-se a compreender, não pode melhorar, questionar ou incorporar novos elementos.*

O trabalho contínuo com essas pessoas — durante períodos que abrangeram desde alguns meses até vários anos na maioria dos casos — levou-nos a formular um diagnóstico hipotético que atribui os variados sintomas descritos a uma causa geral:

"Tratar-se-ia, em todos os casos, de desordens de caráter funcional, originadas por uma situação de confusão ou de 'simbiose' entre o indivíduo e o objeto musical, o que lhe impede de captar esse objeto com nitidez e desempenhar-se diante dele com propriedade e realismo."

CARACTERÍSTICAS COMUNS AOS SUJEITOS

1) *Insegurança* no campo musical. O canal musical seria o mais afetado, como conseqüência de uma ideali-

zação ou supervalorização neurótica da música. Esta opera como uma entidade independente com a qual apenas em forma ocasional ou por vias alheias à mente é possível estabelecer contato e experimentar assim uma catarse, em lugar de tratar de conseguir um verdadeiro ato expressivo. Entretanto — o que é coerente com sua qualidade de indivíduos normais e sadios em termos gerais —, costumam parecer muito seguros e propensos a demonstrar capacidade ou exercer a agressividade — que lhes está vedada no campo musical — em outras áreas que, infelizmente, não são tão altamente cotadas como a música dentro de seu sistema pessoal de valores.

2) *Ansiedade e instabilidade.* Dão uma importância desmedida ao sintoma e à possibilidade de superá-lo de forma imediata. Mostram dificuldade para aceitar processos, visualizar metas e adotar condutas estáveis que lhe permitam alcançá-las.

3) *Ineficácia da ação.* Por falta de fé nos resultados, são pessimistas *a priori* e têm grandes dificuldades para integrar na ação os demais níveis da personalidade, além do afetivo.

4) *Dependência.* Sua conduta temerosa e carente de iniciativa mostra que, apesar do muito que sofrem por esses motivos, pouco fazem, na realidade, por si mesmos, para superar suas dificuldades, preferindo depender do estímulo e do apoio constante e renovado que, inconscientemente, exigem do pedagogo.

5) *Dificuldade para focalizar o objeto musical.* O objeto musical carece de perspectiva. Está tão perto de sua "visão" que objeto e sujeito formam uma unidade indissolúvel, uma simbiose funcional que frustra, certamente, toda tentativa de observá-lo, analisá-lo e reproduzi-lo. É como se o objeto estivesse grudado em seu nariz ou flutuasse sobre sua cabeça como uma nuvem baixa. O rosto dos que escutam com o olhar para o alto, tenso e dirigido para dentro, assim o demonstram.

6) *Incapacidade de perceber-se em relação à música* (proprioceptividade). Como o próprio ouvido costuma ficar excluído do ato perceptivo ou expressivo, não está depois em condições de exercer, por exemplo, a necessária função reguladora do tom emitido pelas cordas vocais no canto, ou o controle da sincronia do *tempo* na execução instrumental. Também está excluída a consciência mental, uma vez que se renuncia *a priori*, a participar, por medo de enfrentar a frustração ocasionada por um fracasso que, desse modo, ficará sempre fora do controle individual e poderá ser atribuído — comodamente — a qualquer causa externa ao fato musical.

## ENFOQUE PEDAGÓGICO

Do ângulo da pedagogia, tenta-se a recuperação ou a "reparação" do objeto musical perdido. Para isso utilizamos, com maior insistência que nos casos normais, uma série de técnicas destinadas a *focalizar, descrever, fixar, manipular* e *captar* os objetos musicais. Tratamos assim de corrigir e sanear a relação com a música, contribuindo com maior clareza e direcionalidade para os processos musicais.

Comprovamos, então, que freqüentemente o aluno responde, praticamente, da forma esperada no trabalho, quando nos encontramos presentes. A proximidade do pedagogo significa, sem dúvida, apoio, proteção, segurança, fé em seus dotes e condições musicais e mentais. O pedagogo também representa a ineficácia do mentir ou mentir a si próprio e, portanto, o risco de ser descoberto em mecanismos falsos ou equivocados que, com a máxima clareza, foram analisados e substituídos por técnicas diretas para se chegar ao objeto ou à atividade musical.

Mas a ação pedagógica sobre o *sintoma*, por eficaz que possa parecer e que até possa ser em alguns casos leves, é incompleta para essas pessoas que reincidem em seus esquemas, tornando a ficar sozinhas com a música. Por esse motivo preferimos encaminhar esses alunos — contando com sua aprovação em cada caso — para a psicoterapia ativa, sem interromper, é claro, o trabalho musical. Pensamos que ao se atuar de forma direta sobre a causa psicológica interna, poder-se-ia chegar a corrigir o mecanismo simbiótico, ou seja, a desordem produzida pela confusão objeto-sujeito musical. E que apenas então esses indivíduos funcionariam, diante da música, de acordo com o nível real e objetivo de suas aptidões, seu treinamento e seus conhecimentos, superando problemas cuja causa evidentemente não reside na falta de dotes musicais.

A meu pedido, a doutora Idea L. de Bonacossa, psicanalista, aceitou como pacientes, em tratamento individual, os cinco alunos mencionados no início.

De forma paulatina pude ir verificando, durante a prática pedagógica, melhoras evidentes e uma estabilidade cada vez maior na conduta musical. Depois de algum tempo — pelo menos um ano de tratamento no caso mais recente — decidimos nos reunir para avaliar conjuntamente a evolução psicológica e musical desses indivíduos. É claro que eu devia respeitar a reserva total imposta pela médica com relação à problemática pessoal de seus pacientes.

Eis aqui, de forma sucinta, os conceitos que foram manejados durante as duas conversas de avaliação que mantivemos.

1) O problema musical foi enfocado sempre na terapia, dentro do contexto dos conflitos individuais mais profundos. As mudanças observadas nos aspectos musicais devem ser atribuídas às modificações operadas a nível da personalidade.

2) Embora todos esses indivíduos apresentem transtornos na conduta musical que, de acordo com nossa hipótese — amplamente demonstrada pela psicoterapia — têm um fator comum. Do ponto de vista pessoal seus respec-

tivos conflitos psicológicos se manifestam em diagnósticos que evidenciam bases de personalidade muito diferentes. Admitiu-se, entretanto, que poderia ser considerado como um traço comum a presença de elementos masoquistas: em geral, agridem-se de diferentes maneiras e tratam, inconscientemente, de ser agredidos pelos demais. Por isso a dificuldade de projetar-se para fora ou de "atacar", condição indispensável para a ação musical.

3) Relação com o professor. Buscam figuras protetoras que os apóiem e os valorizem. Um pedagogo derrotista poderia chegar a anulá-los totalmente. Às vezes apegam-se a professores onipotentes, que se sentem capazes de solucionar tudo e procedem introjetando sua imagem protetora em seus alunos. O professor idealizado que freqüentemente adquire contornos de figura mítica joga ao mesmo tempo o papel de figura persecutória. Assim, o indivíduo perde ainda mais sua independência, já que trata de atuar como o professor gostaria, e não como ele mesmo sente.

(N.º 1. Foi se afirmando paulatinamente, tanto no aspecto musical como no pessoal, até chegar a expressar-se um dia que, como estava convencida de que seu problema de desafinação provinha, na verdade, de uma audição defeituosa, havia decidido investir mais tempo para escutar com atenção e tocar de ouvido o instrumento. O importante é que começou a exercer sua independência, que adquiriu consciência de sua autonomia e criou seu próprio método, independentemente do êxito que possa ou não obter.)

4) A música ou o instrumento aparecem associados com pessoas — figuras importantes como a mãe, o pai, os avós ou os irmãos — ou com situações primárias (castigos, prêmios, apreciações de valor etc.), sem permanecer todo o tempo aderida ao mesmo objeto, pessoa ou situação. (Idênticas distorções costumam acontecer com relação a outras profissões ou atividades vocacionais para as quais

é preciso demonstrar certa aptidão ou inclinação, sejam ou não artísticas.)

Desse modo, a música não funciona como algo autônomo, que é utilizado para expressar sentimentos, mas como um objeto "catectizado", ou seja, carregado de aspectos que nada têm a ver com ele. Conforme o caso, sentirão diante da música ou do instrumento, raiva, temor ou uma mistura de ambos; odeiam, rejeitam, não podem se aproximar, embora em outros momentos sintam-se tremendamente atraídos.

A música não pode ser vivida como um objeto independente porque não podem sentir nada, nem sequer eles próprios, como autônomos e independentes. Isso está vinculado a situações vividas e problemáticas infantis, geralmente muito precoces — sensações que remontam às vezes aos primeiros anos de vida.

(N.º 2. Tinha três anos quando a mãe a trouxe para um dos cursos de iniciação musical para crianças que eu dava no Collegium Musicum de Buenos Aires.)

(Também n.º 3 começou a estudar piano muito pequena — tinha por volta de sete anos — e, segundo ela, seus pais eram melômanos que "viviam" no Teatro Colón, embora se mostrassem aborrecidos cada vez que a ouviam praticar no instrumento.)

Quando a música aparece associada a uma determinada situação vivida (castigo, prêmio etc.), forma-se um *engrama*. Cada vez que se repete o fato ou a atividade musical, reaparece inconscientemente a situação vivida, travando o desenvolvimento musical. Será preciso isolar a música, separá-la daqueles outros aspectos, que deverão ser corretamente elaborados para restituir ao objeto e à atividade musical sua autonomia.

(N.º 4. Ao tocar o piano num concerto no qual se encontravam presentes seus pais, perdeu de repente todo o vigor e o domínio instrumental que havia adquirido durante um ano de estudos, a tal ponto que tive que frear minha "contratransferência" para não ficar brava com ela. Na semana seguinte, pedi-lhe que tratasse de recordar que sentimentos ou pensamentos a invadiam — ou interferiam — enquanto estava tocando e que conversasse sobre isso com seu terapeuta.)

(N.º 1. Manteve uma discussão com seu marido alguns dias antes de se apresentar em um importante concerto ao vivo pela rádio oficial. O marido tinha censurado sua falta de cuidados e atenções para com ele, por causa de sua dedicação ao piano. N.º 1, apesar de haver considerado que o incidente estava superado, tocou muito mal, demonstrando perda de segurança, técnica e memória. Logicamente, sentia-se uma pessoa má, que causava vítimas, um verdugo, como podia então permitir-se ter êxito?)

Essas pessoas amam demasiado a música. Por isso a "catectizam" e põem em conflito o canal musical. Só quando adquirem a capacidade de despojar o objeto musical de toda conotação estranha, pode a música florescer neles, já que em todos os casos, sem exceção, trata-se de indivíduos de grande sensibilidade e com suficientes aptidões musicais.

Como pedagogos teremos que insistir sempre no que é importante, ou seja, a forma como a música é tratada dentro da família, uma vez que isso, por um lado, e os componentes da personalidade, por outro, determinarão a relação de um indivíduo com a música.

5) O conflito psicológico radicado no canal musical afeta a capacidade de racionalização, de tal maneira que a atividade musical fica automaticamente desqualificada como meio para realizar um diagnóstico de inteligência. (A primeira vez que a terapeuta comentou ocasionalmente a extraordinária inteligência natural do n.º 2 eu fiquei muito surpresa, precisamente porque o que mais lhe custava na música era racionalizar.)

Entretanto, o "canal" perturbado ou em conflito não impede essas pessoas de exercerem amplamente seus dotes intelectuais em outras atividades ou numa área que, como a pedagogia, por exemplo, parece requerer deles uma gama menor ou, pelo menos, diferente de componentes afetivos.

6) Finalmente, a terapeuta expressou que, embora toda experiência deixe ensinamentos, o tratamento psicológico dos músicos em conflito lhe havia permitido adquirir um conhecimento mais específico: aprendeu música, no sentido de que pôde reconhecer também a música como um objeto. Também aprendeu a valorizar o que a música representa para cada pessoa e a perceber, cada vez com maior facilidade, as cargas depositadas nela.

Da minha parte considero oportuno salientar que, em geral, os especialistas que exercem a psicoterapia não costumam escapar à idealização ou mistificação de massa de que a música tem sido objeto, pois em reiteradas ocasiões informais ouvimos afirmarem: "Eu adoro música... mas não dou pra isso... não posso... Como eu gostava etc. etc." Pessoas que a sentem ou pensam desse modo não se encontram em condições de ajudar outros que apresentem especificamente essa problemática.

## EPÍLOGO

Essas cinco pessoas — e outras mais que depois se agregaram ao grupo relacionado com essa experiência — prosseguem até o momento o tratamento psicológico paralelamente ao seu trabalho musical.

No processo de afirmação que se está operando em cada uma delas, observam-se, por certo, regressões temporárias ou momentos críticos que aprendemos — professor e aluno — a considerar como partes ou aspectos normais e até positivos do processo de progressiva independência e afirmação pessoal e musical, que é o objetivo comum do pedagogo, do músico e do psicoterapeuta.

## SÍNTESE

Em certos indivíduos, geralmente hipersensíveis, a conduta musical aparece bloqueada e dicotomizada do resto de sua personalidade, tomando assim o caráter de um verdadeiro sintoma. Nem a comprovada sensibilidade musical, nem a lucidez intelectual que os caracteriza em outras áreas os ajudam em sua problemática e até parece que dificultam o encontro de uma solução.

A relação do sujeito com o objeto musical encontra-se alterada devido a uma simbiose — falta de perspectiva ou distância entre o sujeito e o objeto —, o que, por momentos, faz com que pareçam incapazes de ouvir, ver, recordar, compreender, projetar ou expressar, apesar de não apresentarem disfunções sensoriais (audição, visão, tato), motoras, nem mentais.

O problema reside no fato de que a afetividade trabalha fora do contexto integrado da personalidade, nutrindo-se de fantasias com relação ao objeto musical e não de dados verdadeiros, realistas, sobre o mesmo. Por isso, os resultados de suas apreciações e ações em relação à música aparecem incompletos, desconexos, desintegrados, em uma palavra, sem *objetividade*.

Para superar essa problemática recorremos, com maior insistência que nos casos normais, a uma série de técnicas destinadas a focalizar, descrever, fixar, manipular e captar os objetos musicais; mas também encaminhamos esses alunos para psicoterapia que, ao atuar de forma direta sobre a causa psicológica interna, pode chegar a corrigir o mecanismo simbiótico, ou seja, a desordem produzida pela confusão objeto-sujeito musical.

Nos casos estudados foram verificadas melhoras evidentes e cada vez mais estáveis na conduta musical, atribuíveis às modificações operadas a nível de personalidade.

# IV. EDUCAÇÃO MUSICAL ESPECIAL [1]

A *educação musical* constitui uma contribuição significativa e sistemática ao processo integral do desenvolvimento humano. Uma de suas principais tarefas consiste em estudar para chegar a influenciar positivamente a *conduta do homem em relação ao som e à música,* não apenas ao longo de todo o processo vital, mas também diante da enorme diversidade de circunstâncias humanas. Tais circunstâncias poderão ser de caráter *externo,* como o ambiente social ou cultural, ou *interno,* na medida em que se relacionam com as estruturas psicofísicas do homem. Ambos os fatores se combinarão para produzir diferentes graus ou níveis de equilíbrio individual que se traduzem no que denominamos *saúde* ou *doença.*

Um dos aspectos mais importantes e essenciais que deve ser abordado por um plano educativo para a comunidade é a organização daquele setor que se convencionou chamar de *educação especial.*

À educação especial compete abordar os casos e situações que, por se afastarem da "norma" ou normalidade, comportam problemas especiais que transcendem o âmbito da educação geral.

---

1. Trabalho "de posição" elaborado a pedido da International Society for Music Education, para ser apresentado no XIII Congresso Internacional de Educação Musical, Montreux, Suíça, julho de 1976.

A influência e o poder que caracterizam a música como coadjuvante do desenvolvimento integral do ser humano aparecerão especialmente destacados no caso dos indivíduos que apresentam deficiências ou problemas físicos, afetivos, mentais ou de integração social. Nesses casos, a dimensão educativa da música se amplia para dar lugar à função terapêutica.

É de capital importância estabelecer o critério que permita discernir, nas diversas perturbações, os limites — necessariamente flexíveis — da normalidade ou, o que é o mesmo, o limiar da situação patológica, uma vez que disso dependerá a integração de um determinado indivíduo na área da educação geral, ou o seu encaminhamento ao sistema que poderá lhe oferecer uma educação especial ou o tratamento específico para seu problema (escolas especializadas, institutos de reabilitação física ou mental, institutos psiquiátricos, internatos, hospitais e até reformatórios ou isolamentos).

A partir do diagnóstico médico do problema, decidir-se-á o enfoque psicopedagógico mais adequado para complementar as diferentes formas específicas de terapia.

A *educação* e, portanto, a *educação musical*, deve ser considerada como uma *contribuição sistemática ao processo de desenvolvimento integral (bio-psicossocial) do ser humano*.

Trata-se de um processo bidirecional e integrado, que compreende:

— a *absorção* — e posterior elaboração — de elementos e estruturas naturais e culturais (internalização), bem como

— a *expressão* e descarga intra e interpessoal (externalização e comunicação).

Visto do ângulo da *educação geral*, esse processo educacional integrado comporta um sistema em equilíbrio estável. Em compensação, considerando-se a perspectiva da *educação especial* (educação diferenciada e terapia), a equação se desequilibraria para compensar a carência ou anomalia que é, de forma temporária ou permanente, manifestada por um determinado indivíduo ou grupo.

Nos processos musicais com indivíduos carentes ou enfermos, as funções expressivas ou de descarga psicofísica e de comunicação costumam ter primazia, embora isso não signifique, de maneira alguma, dizer que deva suceder sempre assim, já que em certos casos a função corretiva ou terapêutica pode consistir precisamente em enfatizar o processo de "carga" ou absorção musical (em seus aspectos sensoriais, afetivos e/ou cognitivos), com o objetivo de mobilizar, desenvolver e mesmo monopolizar as capacidades receptivas do indivíduo.

É óbvio, finalmente, que todo plano educativo e/ou terapêutico musical a ser desenvolvido com indivíduos ou grupos que apresentem problemas especiais requer a participação de uma equipe interdisciplinar, na qual devem colaborar, lado a lado, educadores, musicoterapeutas, terapeutas ocupacionais, médicos, psicólogos, sociólogos e demais especialistas.

ORGANIZAÇÃO DA EDUCAÇÃO MUSICAL ESPECIAL

1) A educação musical especial compreende, de fato, o ciclo completo da educação permanente.

2) Todo sistema escolar deverá prever e planejar o setor da educação musical especial procurando:

— a *articulação* de seus diferentes níveis ou ciclos entre si;

— a *correlação* com os ciclos correspondentes da educação geral.

3) Os planos gerais de educação para a comunidade deverão abranger tanto o *aspecto recuperador* e/ou tera-

pêutico dentro da *educação musical especial*, como o *aspecto profilático*, no caso da *educação musical geral*.

4) As autoridades educacionais deverão se preocupar em verificar a qualidade e a adequação do enfoque pedagógico-musical em instituições educacionais ou para-educacionais:

— fornecendo orientação e assessoria pedagógica quando forem requeridas;

— assegurando o nível de preparação profissional (formação geral, psicopedagógica, musical, artística, musicoterapêutica etc.) e a atualização do magistério musical que realize tarefas de reeducação, educação diferenciada e musicoterapia;

— organizando o controle periódico da evolução geral e musical dos alunos com problemas de diferentes tipos;

— proporcionando locais de trabalho adequados, instrumental e equipamentos de gravação e reprodução musical e demais elementos às escolas e institutos especializados em educação diferenciada e musicoterapia;

— criando centros-modelo ou unidades-piloto de educação musical especial e musicoterapia, destinados à pesquisa da educação e reeducação de indivíduos com diversos tipos de problemas ou deficiências (crianças, jovens, adultos, anciãos).

## PROFILAXIA

5) As autoridades escolares deverão elaborar planos gerais racionais e criativos de educação musical que considerem uma ação profilática nos aspectos:

a) *físico*: assegurando uma quantidade de atividades capazes de promoverem o alívio de tensões devidas à instabilidade emocional, fadiga e, sobretudo, ao estilo de vida agitada que predomina nas grandes cidades;

b) *psíquico*: promovendo os processos de expressão, comunicação e descarga emocional através do estímulo musical e sonoro;

c) *mental*: proporcionando todo tipo de situação que possa contribuir para estimular e desenvolver o sentido da ordem, da harmonia, a organização, a capacidade de compreensão etc.

6) Cada organização ou sistema escolar deverá contar com ambulatório médico, consultório psicológico e, dentro do possível, com gabinete de musicoterapia, sendo os alunos atendidos por pessoal competente, para se assegurar o controle periódico de sua saúde física e mental — devidamente anotado em fichas de acompanhamento atualizadas — e para se atender às consultas sobre os problemas dos alunos que sejam feitas por pais ou professores.

7) Todo programa ou planejamento geral de educação musical deverá promover, tanto em relação aos alunos como aos docentes:

— a formação de conjuntos vocais ou instrumentais (coral, orquestra, conjuntos de câmara, dentro do gênero erudito, folclórico ou popular), como veículo essencial de expressão, adaptação, comunicação e socialização;

— a participação em diferentes tipos de situações — espontâneas ou organizadas — que envolvam uma atividade musical, a saber: grupos de audição musical, assistência a concertos, sessões de improvisação vocal e/ou instrumental, grupos dedicados à invenção e construção de instrumentos etc.;

— a formação de grupos de expressão polivalentes, onde as atividades musicais se integrem num contexto artístico e expressivo junto à dança, dramatização, marionetes, teatro de sombras, atividades plásticas, meios mistos etc.

PESQUISA

8) As autoridades educacionais e a comunidade em geral deverão promover e auspiciar, mediante publicações,

conferências, seminários, oficinas, cursos permanentes e de atualização, concursos, congressos etc., a difusão e pesquisa dentro das diferentes áreas da educação especial e da musicoterapia.

9) A tendência deverá ser a de chegar a um maior esclarecimento do campo específico e dos objetivos essenciais, bem como das relações e aspectos comuns da:

— educação geral;
— educação especial;
— terapia e
— profilaxia

através da música, já que a clareza de critério beneficiará o trabalho nos diferentes campos individuais e permitirá uma maior e mais ampla colaboração e integração dos mesmos.

10) Será necessário estimular o trabalho interdisciplinar e contar com a colaboração de profissionais na área da educação musical diferenciada e da musicoterapia, de maneira que o professor de classe, os professores especiais (educação física, educação musical, educação artística), o psicopedagogo, o especialista social, o psicólogo e o médico possam somar seus conhecimentos e esforços em favor da educação e recuperação dos indivíduos deficientes e com problemas.

# Segunda Parte

## V. O ESPÍRITO E A TÉCNICA NA EDUCAÇÃO MUSICAL [1]

Quando entramos em contato profissional com pessoas e ambientes novos, encontramos, em geral, uma crescente maturidade em relação às colocações teóricas relacionadas com a educação musical. Pareceria que todos, ou quase todos, estão de acordo sobre características gerais e específicas que deveria ter o ensino na atualidade.

As diferenças — e de que magnitude! — residem na prática pedagógica. Várias pessoas que ouvimos se expressarem com total lucidez, tecendo opiniões válidas sobre os processos educacionais, demonstram, com uma prática medíocre, enquadrada nos velhos cânones, que realmente não compreenderam em profundidade o que estão dizendo ou, talvez, lhes seja impossível superar, deixar para trás sua própria experiência para operar uma verdadeira transformação.

Lembro-me de ter escutado, num congresso internacional de Educação Musical, o professor Cykler dos Estados Unidos — reconhecido especialista em educação comparada — expressar a satisfação e ao mesmo tempo a surpresa que sentiu ao presenciar uma excelente aula de música dada por uma professora do interior, num país da Europa Central. Surpreendeu-se, então, por encontrar nesse

---
[1]. Trabalho lido na V Conferência Interamericana de Educação Musical, organizada pela OEA e pelo Conselho Interamericano de Música, México, outubro de 1979.

lugar afastado uma aula conduzida com a mais elevada pedagogia e a mais fina sensibilidade musical e humana.

Para nós, educadores, que estamos na prática ativa e na capacitação profissional, agora já não são surpreendentes esses tipos de realidades. Nos últimos tempos, situações como essa repetem-se quase diariamente: enquanto alguns professores parecem acertar sutilmente com o espírito daquilo que ensinam, outros, aparentemente mais preparados, que utilizam metodologias atuais, manifestam um espírito apagado e decadente.

Outra vez constatamos que o que importa, primordialmente, é a prática. E ela dependerá da preparação pedagógica do professor, mas sobretudo do seu nível de musicalização.

Temos observado reiteradamente que os jovens e mesmo as crianças costumam ser muito bons professores. Embora não tenham estudado pedagogia, se forem musicalizados com princípios e técnicas corretos, vão "direto ao assunto" e invariavelmente acertam na didática quando transmitem conhecimentos entre eles.

Do que dependem, então, os resultados positivos? Tratar-se-ia, talvez, de aspectos que escapam ao controle e à ciência pedagógica e vagam no campo indefinido do acaso ou da inspiração? De maneira alguma. Mas é preciso reconhecer que o domínio da matéria musical não basta se não está unido ao interesse, ao entusiasmo e à convicção da utilidade daquilo que se está transmitindo. Isso é o que conforma o *espírito* pedagógico. Apenas no contexto de uma atitude positiva e benéfica é que a *técnica* pedagógica poderá atuar, integrando e instrumentalizando de maneira precisa os diferentes aspectos da experiência musical.

O espírito e a técnica pedagógica realimentam-se mutuamente. Entretanto, o espírito preside e ilumina a técnica. Se esta se apóia no conhecimento profundo dos mecanismos que regem os processos de desenvolvimento a fim de se obter a maior pureza e direcionalidade no enfoque e a máxima precisão na articulação das diferentes etapas, para atingir assim, de forma mais rápida e eficaz, as metas educacionais, em compensação, atribuímos ao espírito a capacidade de chegar a apreciar sem esforço, de uma só vez, tanto as metas como os caminhos que conduzem a elas. Mas esse conhecimento, essa intuição, que provém, na realidade, da experiência, necessita, para realizar-se plenamente, da contribuição modeladora do pensamento e da técnica.

Em síntese, se a técnica não está unida ao espírito e à intuição, nada mais será senão um esqueleto inerte e inexpressivo. Correlativamente, espírito e intuição, por si mesmos, a longo prazo, tornam-se inoperantes.

Em todo processo educativo confundem-se dois aspectos necessários e complementares: por um lado, a noção de *desenvolvimento* ou crescimento (o conceito atual de educação está intimamente ligado à idéia de desenvolvimento); por outro, a noção de alegria, de prazer, num sentido muito amplo.

Educar-se na música é crescer plenamente e com alegria. Desenvolver sem dar alegria não é suficiente. Dar alegria sem desenvolver tampouco é educar.

Embora o aspecto do desenvolvimento propriamente dito encontre-se associado principalmente ao conhecimento das técnicas pedagógicas, o segundo aspecto, chame-se prazer, alegria, plenitude, participação ou motivação, relaciona-se mais de perto com aquilo a que chamamos intuição ou espírito pedagógico.

Trataremos, a seguir, de precisar alguns dos atributos que o observador sensível é capaz de detectar em toda ação educativa correta, atributos esses que naturalmente se enlaçam com a personalidade profunda e o espírito pedagógico do professor. A título de hipótese — também sobre essas questões de princípio pode-se continuar pesquisando e observando com critério científico — entregamos aqui uma primeira lista aberta, suscetível de ser ampliada e melhorada.

95

Em primeiro lugar, o espírito pedagógico é *positivo*, com sinal de "mais". É aquele que crê, que tem fé, tanto na pessoa à qual está ensinando, como em si mesmo e no poder da música. O professor que diz para alguém: "Você não dá para isso", não é positivo, nem otimista. Não tem fé.

O espírito pedagógico é *entusiasta, progressista*; não é apenas um sinal de "mais", mas um sinal de mais com a flecha dirigida para frente, porque é capaz de projetar-se e avançar. Para dar um exemplo concreto: o método Orff consiste num desenvolvimento que, no aspecto melódico, parte dos sons *sol-mi* (terça menor) para terminar na música, no complexo musical. Entretanto, encontramos tantas vezes professores que ensinavam durante um ano inteiro o sol-mi a seus pequenos alunos, ou num semestre o sol-mi e no outro semestre o lá-sol-mi. E houve até aqueles que alguma vez expressaram que seria desejável que se fizesse com que os bebês fossem escutando música que progressivamente seria enriquecida de sons — sempre nessa ordem —, a fim de que evoluíssem musicalmente de forma "correta". Considero que esse tipo de reflexão nasce não apenas da ignorância, mas também da falta de entusiasmo e de necessidade de progresso.

O espírito pedagógico é *vital*. Caminha para frente com energia, mas também com fogo. Não é uma linha reta e lisa, senão uma linha vibrante. Nós, que tivemos a oportunidade de percorrer o Museu da Cidade do México conduzidos por seu diretor, temos o exemplo claro do que quer dizer vibrar. Essa extraordinária pessoa que, enquanto nos mostrava o museu, conseguiu transmitir e projetar o espírito na nacionalidade mexicana é um mestre. Todo mestre deveria ter algo desse fogo, dessa vibração interna.

O espírito pedagógico é *curioso, criativo*, inquieto. É uma linha que avança vibrante, mas que se move e ondula porque aspira a explorar até o último resquício do homem e da música. Não repete simplesmente o que o livro diz, mas o recria a cada momento.

O espírito pedagógico é *alerta* e inconformista porque questiona e se questiona. Vive tudo por dentro. Permanece sadiamente na expectativa. Aplica a dúvida no sentido cartesiano, da dúvida metódica: antes de aceitar algo, duvido, não para deixá-lo de lado, mas para ter a possibilidade de adotá-lo em algum momento com toda a força de que sou capaz. Recorro novamente a um exemplo: o metrônomo que os músicos profissionais usam tão freqüentemente é algo externo à música. Se não se consegue absorvê-lo, será sempre um elemento perturbador ao qual é preciso "seguir", motivo pelo qual nunca se termina de "encontrar". E eis aqui que, para que as coisas caminhem também nesse aspecto se requer esse sentido questionador do qual falamos: se realmente é necessário, em alguns momentos, recorrer ao metrônomo, será preciso incorporá-lo, torná-lo próprio, de modo que esse tac... tac... tac... saia de dentro da gente.

O espírito pedagógico é *flexível* porque é capaz de mudar e adaptar-se às circunstâncias. E seria semelhante ao caminho que uma formiga faz, contornando, ao encontrar um obstáculo qualquer, até sair pelo outro lado e continuar sempre em frente. A mesma coisa acontece com os métodos pedagógicos e sua aplicação. Não é possível que aquilo que trazemos de outros lugares e outros tempos já esteja pronto para ser consumido por nós: será necessário um processo de adaptação.

Enfim, o espírito pedagógico é *comunicativo* e profundamente humano, porque não opera no vácuo, mas vai ao encontro do outro, do homem.

Se todos esses atributos deveriam estar presentes em qualquer aula, são inevitáveis quando se trata de uma educação musical; principalmente se consideramos que a música, por sua própria natureza e por falta de um adequado desenvolvimento a nível psicológico — especialmente em meios que carecem de uma tradição educativa — permanece ainda carregada de um forte sentido místico, que torna certos indivíduos resistentes à sua influência.

Em outras palavras: a música se converte em mito naqueles ambientes onde os indivíduos ouviram afirmar reiteradamente que a música é patrimônio de uns poucos eleitos. Somos nós, os educadores musicais, que devemos lutar para inculcar nas pessoas que a música não é um mito, mas sim uma realidade ao alcance de todo ser humano.

Da mobilização da energia espiritual do professor dependerá, em boa parte, a possibilidade de desencadear um movimento de igual amplitude no educando, que lhe possibilite receber e absorver mais plenamente o que o ensino lhe oferece.

Desse modo, de mestres otimistas, entusiastas, inquietos, sairão seguramente alunos otimistas, entusiastas, inquietos. Assim, e só assim, o professor conseguirá transmitir e despertar no aluno a semente, o germe dessas tendências básicas e inerentes à condição de músico, de artista, de homem do nosso tempo.

Durante minha experiência como docente em diferentes países da América Latina, tive a oportunidade de descobrir e entrar em contato com uma juventude inquieta e dotada, tanto do ponto de vista musical como intelectual. Até nos lugares mais recônditos de nossa América encontrei gente que é capaz de pensar, demonstrando criatividade e intuição psicopedagógica natural.

Esses professores deveriam ser formados de acordo com os princípios mais atualizados, embora não tenham recebido até o momento uma adequada preparação pedagógica e musical. Não se trata de fazer com que percorram caminhos já transitados, nem de repetir histórias já superadas por outros povos. Se estamos atrasados e decidimos atualizar-nos, o que fazer? Comprar, talvez, aquele obsoleto "porta-aviões" espiritual procedente da sucata de outros povos, investindo nisso nossas reservas econômicas e sobretudo espirituais? De maneira alguma! É nossa obrigação sondar profundamente no próprio seio de nossa realidade. Que os técnicos e especialistas em educação —

existem, e são muito bons —, dispersos por toda América Latina já há várias décadas (aproveito para render-lhes uma simbólica homenagem na figura já quase legendária de Cora Bindhoff, chilena, fundadora do Instituto Interamericano de Educação Musical da OEA que, afastada em virtude de uma enfermidade que lhe impossibilitou a prática pedagógica, vive atualmente em Santiago do Chile), ocupem-se do levantamento objetivo de nossa realidade, já que somente a partir daí poderia ser feito um diagnóstico igualmente realista dos problemas educacionais e suas possíveis vias de solução no aspecto local e nacional.

Para terminar, gostaria de expressar que sabemos — por uma ampla experiência de vários anos de luta e trabalho pedagógico — que nem sempre podemos conseguir os elementos técnicos ou recursos materiais necessários para desenvolver nossa atividade educativa. Que em nossas escolas e em nosso meio não será fácil dispor de aparelhos, e às vezes nem de livros ou recursos audiovisuais, para não falar de instrumentos. Que deverá passar, seguramente, muito tempo até que possamos contar com orquestras infantis e juvenis, como em outros países, mas que isso não será obstáculo, mas sim estímulo para o desenvolvimento de nossa imaginação e nossa criatividade pedagógica. Enquanto existirem violões, caixas, quenas e *zampoñas*,\* alegremo-nos porque poderemos fazer boa música com nossos alunos.

De maneira alguma essas palavras devem ser interpretadas como uma resignada incerteza na perseguição de um nível mais alto de possibilidades sócio-econômicas. Pelo contrário. Estou propondo uma forma mais ativa e positiva de luta cultural que possa conduzir a um esclarecimento mais profundo de nossa natureza latino-americana, que nos leve a assumir nossa realidade como primeiro passo na luta para tentar modificá-la. Ao mesmo tempo, todos nós, professores e também nossos conscientizados alunos, seguiremos insistindo, infatigavelmente, pa-

---

\* Instrumento de sopro andino, semelhante à flauta de Pan. (N.T.)

ra conseguir que os governos que administram os bens culturais dos povos e que estabelecem as pautas e prioridades culturais se convençam de que a música, como se afirmou sempre, é um bem primeiro da humanidade e deve ser valorizada, conservada, ensinada e sobretudo utilizada para dignificar, dulcificar e tornar mais rica e profunda a vida do homem. Assim já o entenderam muitos países civilizados que destinam uma parte considerável de seu orçamento geral para a educação.

Enquanto isso, é nosso dever ajudar a todos os professores, crianças e jovens de nossos países latino-americanos a resgatar a música para si mesmos e senti-la necessária. Por isso quis me referir aqui ao espírito da educação musical, que está profundamente unido à técnica pedagógica, que é a técnica humanizada, espiritualizada, mas também conscientizada, questionada, compreendida, recuperada como patrimônio pessoal de cada mestre.

# VI. ORIENTAÇÕES ATUAIS DA PEDAGOGIA MUSICAL

## A EDUCAÇÃO MUSICAL HOJE

*Alguns conceitos básicos*

O objetivo específico da educação musical é musicalizar, ou seja, tornar um indivíduo sensível e receptivo ao fenômeno sonoro, promovendo nele, ao mesmo tempo, respostas de índole musical.

Tanto a receptividade como a capacidade projetiva mediante e através da música supõem a existência de vínculos positivos entre um indivíduo e os fenômenos musicais. A relação com a música participa freqüentemente dos atributos sensíveis que costumam caracterizar as relações entre seres humanos: a música funcionaria, assim, como um objeto "intermediário". Corresponde, pois, à educação musical, instrumentalizar com eficácia os processos espontâneos e naturais necessários para a relação homem-música se estabeleça de uma maneira direta e efetiva.

Uma vez assegurado o vínculo, a música fará, por si só, grande parte do trabalho de musicalização, penetrando no homem, rompendo barreiras de todo tipo, abrindo canais de expressão e comunicação a nível psicofísico, induzindo, através de suas próprias estruturas internas, modificações significativas no aparelho mental dos seres humanos.

Assim, partindo de uma mobilização primária — movimento como sinônimo de vida, de crescimento — tender-se-á a promover respostas diversas — e não apenas de índole musical e sonora —, posto que nisso consiste a função educativa da música. Mais tarde, tratar-se-á de incentivar o interesse de modo que desemboque naturalmente na apreciação, no gosto e no conhecimento da música e das estruturas inerentes a ela, mantendo a todo momento a maior espontaneidade na apresentação de experiências e materiais musicais.

## Um pouco de história moderna

A fim de compreender e caracterizar os traços mais típicos do que poderíamos denominar de educação musical contemporânea, remontêmo-nos às primeiras décadas do presente século, quando começam a ocorrer no campo da pedagogia musical uma série de transformações que constituem uma verdadeira revolução no campo das idéias e da prática pedagógico-musical. Tratou-se, então, de recuperar a educação musical das crianças, através da atividade e da experiência, da vivência musical, que se achava extraviada no mais mecânico e estéril dos intelectualismos.

Do estudo e desencadeamento do processo encarregar-se-iam destacados pedagogos musicais em diferentes países de Europa e da América do Norte. Entre as personalidades mais representativas que decidiram e orientaram a reforma educativa musical, citaremos, em primeiro lugar, o pedagogo suíço Emile Jaques-Dalcroze (1865-1950) que com suas descobertas abalou as bases tradicionais do ensino e aprendizagem do ritmo musical e da música em geral.

A partir de 1940 assistimos ao nascimento e rápida difusão de importantes métodos que contribuíram para enriquecer e esclarecer ainda mais exaustivamente o panorama da prática pedagógica. Entre esses se encontra o método Martenot, criado por Maurice Martenot, compositor francês, inventor do instrumento de ondas que leva seu nome, o qual incorpora importantes recursos para o ensino do canto e da iniciação musical, baseados na psicopedagogia infantil e nas técnicas de concentração e relaxamento corporal.

O compositor alemão Carl Orff realiza, mais tarde, decisivas contribuições no campo da rítmica, da criatividade musical dos instrumentos didáticos e da integração das diferentes manifestações artísticas e expressivas.

O compositor e pedagogo húngaro Zoltán Kodály tenta e consegue generalizar o ensino musical infantil em seu país, aplicando a extraordinária vitalidade e o poder educativo do folclore musical.

O japonês Shinichi Susuky pesquisa com êxito o ensino coletivo de um dos instrumentos considerados tradicionalmente menos aptos para a iniciação musical: o violino. Através de uma prática pedagógica intensiva, que desenvolve em seu país natal e que logo se difunde por numerosos países europeus e americanos, confirma a vigência de sua tese sobre a importância que tem para a educação musical da criança a qualidade do seu ambiente sonoro, que centralizará na figura da mãe que — segundo se afirma — deve participar ativamente com a criança nas experiências e na aquisição de conhecimentos musicais.

Entre as personalidades pedagógicas mais destacadas da primeira metade do século XX devemos citar também o filósofo e psicopedagogo musical Edgar Willems, de origem belga, que desenvolveu na Suíça — pátria do eminente psicólogo contemporâneo Jean Piaget — suas bases psicológicas da educação musical, hoje amplamente difundidas no mundo e bem conhecidas particularmente na América Latina.

Poderíamos dizer que com esse grupo de eminentes pedagogos se completa e se encerra um ciclo decisivo na educação musical do presente século. Com eles se dá, a exemplo do que previamente acontecera no campo da educação geral, uma revolução ideológica profunda no âmbito da educação musical, ao deslocar a ênfase, que até então havia recaído na disciplina musical, para o destinatário do ensino — o educando — e seus processos de desenvolvimento. O ensino musical, que antes consistia na transmissão mais ou menos mecânica e impessoal de um sistema de conhecimentos relativos à música, converte-se, paulatinamente, num ativo intercâmbio de experiências, destacando-se o valor educativo do jogo musical, como conseqüência da aplicação de um novo conceito de criatividade.

Os princípios básicos de *liberdade, atividade* e *criatividade* constituirão, pois, o corolário dessa "primeira fase" da educação musical moderna, que bem pode ser considerada um desprendimento ou um fruto direto do movimento pedagógico conhecido como "educação nova".

*A "segunda época" da educação musical moderna*

A partir das últimas décadas vemos que se acelera vertiginosamente o processo de transformação nos diferentes campos do conhecimento e da experiência humana. Os novos princípios e descobertas científicas, psicológicas, sociológicas, artísticas, incidirão novamente na ideologia e na prática da nossa atividade.

O homem tende a se libertar de todo tipo de preconceitos que o impeçam de chegar à conquista de uma liberdade individual mais completa e profunda. Paralelamente, a arte musical se empenha na exploração da matéria sonora com diversos graus de falta de preconceito e produz novos "objetos" artísticos e musicais, novas técnicas e, sobretudo, novas atitudes estéticas e filosóficas diante do fato criativo. Por outro lado, a psicologia ilumina com maior perfeição processos que até pouco tempo atrás pareciam obscuros e complexos.

É lógico que a pedagogia tende a capitalizar esses fatos na busca de critérios mais amplos e funcionais para o ensino. Já não bastarão ao educador musical os exemplos que paternalmente lhe ofereciam, prontos para o consumo, os grandes metodologistas; agora quer ser protagonista e não mero transmissor da experiência musical.

O método, representado por um conjunto de idéias, exemplos e seqüências pedagógicas segundo o enfoque particular de um determinado especialista, será substituído pelo princípio pedagógico, pelo objetivo, pela tendência. Portanto, as respostas didáticas ao mesmo problema pedagógico serão múltiplas e expressarão a infinita diversidade das realidades e circunstâncias humanas. Em troca, a idéia básica — o Método, com maiúscula, como diria Willems — tenderá a unificar-se ao responder univocamente à plataforma comum sobre a qual se sustentam as ciências humanas.

Não existe tampouco uma série de possibilidades fixas, estabelecidas e mais ou menos limitadas no que se refere à criatividade. Partindo dos parâmetros atuais, "jogar" com a música é também "jogar-se", o que dá como resultado uma gama infinita, e em constante mutação, de caminhos para a expressão e para a criação.

A pedagogia, pois, entrou, há vários anos numa etapa de revisão e atualização que atinge não só os materiais e técnicas de ensino, mas também os próprios fundamentos filosóficos e psicopedagógicos da atividade.

Assim, a nível ideológico já se registra a influência do estruturalismo, da lingüística moderna e da cibernética, da teoria da comunicação, das últimas pesquisas em matéria de psicologia do desenvolvimento, da inteligência e da aprendizagem, da dinâmica de grupos, das técnicas de expressão e integração sensorial e de outras novas disciplinas.

Por outro lado, a arte musical percorreu, desde o início de 1950, um caminho caracterizado pela exploração cada vez mais exaustiva da matéria sonora. Uma conseqüência importante é a consolidação e o amadurecimento da música denominada eletroacústica, que integra as correntes originais representadas pela música concreta (sons gravados, produzidos por fontes "naturais") e a música eletrônica (realizada exclusivamente com sons que procedem de fontes eletrônicas). Generalizam-se, também, novos grafismos, em substituição à notação musical tradicional, novos instrumentos e "objetos" sonoros, o uso não convencional dos instrumentos tradicionais, a improvisação e a composição aleatória.

Ao mesmo tempo, registra-se um fenômeno muito particular de universalização da música popular entre as jovens gerações de todo o mundo. Progressos importantes no aspecto da composição (a nível melódico, harmônico e rítmico) e na elaboração de texto e tímbrica dessa música explicam, em parte, o fascínio que exerce sobre a juventude. O passo dado pela música popular é de tal magnitude que seus limites e o da música erudita se aproximam entre si como talvez nunca tenha sucedido antes; aceitam-se e se respeitam mutuamente, trocam influências e, em certo sentido, parecem integrar-se em alguns momentos.

Os fatos mencionados, que junto ao avanço espetacular da tecnologia eletroacústica modificaram a qualidade, a profundidade e o nível de exigência do que a juventude prefere ouvir, são observados e analisados pela pedagogia musical que trata de adaptar suas metas à realidade atual e às inquietações de crianças e jovens. Murray Schafer, compositor e pedagogo canadense, um dos principais artífices das novas tendências pedagógicas, diz: "O melhor que um professor pode fazer é despertar a idéia de um tema na mente dos seus alunos, de modo que se possa desenvolvê-lo, embora o processo chegue a assumir formas imprevisíveis. Trata-se de fazer com que o descobrimento entusiasta da música preceda a habilidade para tocar um instrumento ou ler as notas, sabendo-se que o momento oportuno para introduzir esses exercícios é quando a própria criança os pede. Freqüentemente o ensino responde a perguntas que ninguém faz." [1]

---

1. E. Murray Schafer, *The Rinoceros in the Classroom*, Canada Universal Edition.

*Liberdade para criar*

O conceito de criatividade não surge de improviso na pedagogia moderna. Quase todos os métodos da primeira época da nova pedagogia musical do século XX (Dalcroze, Martenot, Orff, Kodály, Willems) preocuparam-se em estimular e desenvolver a capacidade criadora da criança. Entretanto, ultimamente abrem-se novas perspectivas nesse aspecto, pois as pesquisas pedagógicas atuais deixam o educando em total liberdade para explorar e descobrir suas próprias formas de expressão, suas próprias regras de jogo, materiais e até técnicas e estilos. Isso não significa que no momento oportuno não possam e não devam ser abordadas formas preestabelecidas. Mas é desejável que isso aconteça depois que a criança ou o jovem tenham experimentado suficientemente a livre estruturação da matéria sonora. Assim serão obtidas sensíveis vantagens: uma maior independência diante das formas tradicionais que não ficarão fixadas como referência inquestionável em todo ato de criação individual posterior; além disso, tanto os êxitos como as dificuldades do aluno desenvolverão seu julgamento apreciativo, podendo chegar assim a enfocar com naturalidade crítica o trabalho musical de outros, sem excluir o dos grandes compositores.

Hoje tende-se também a integrar os aspectos básicos da experiência musical; algo que foi "degustado" auditivamente (um clima sonoro, harmônico, rítmico etc.) poderá ser identificado posteriormente e também recriado. Essa experiência auditiva "passiva" de recepção é confrontada com a experiência "ativa" da manipulação direta e da expressão sonora. É difícil afirmar se a recepção musical deve preceder a expressão musical ou vice-versa durante o processo educativo. Consideramos que qualquer que seja a porta de entrada da experiência musical no processo de ensino-aprendizagem da música, o que importa é que, de imediato, ou quanto antes, seja restabelecido o equilíbrio, fechando-se o circuito com a adição da atividade complementar: recepção-expressão ou expressão-recepção. Só o contínuo fluir da música dentro e fora do indivíduo — estendendo laços para outros seres humanos — assegurará a plenitude da experiência musical, coroada, como toda experiência profunda, pela compreensão e pela consciência mental.

## Pedagogia e música contemporânea

Atribui-se aos compositores contemporâneos o mérito de haver influenciado ativamente a pedagogia musical da segunda metade deste século. Entre os precursores se destaca o inglês George Self (1921), que publicou em Londres, na década de 60, um livro já clássico: *New Sounds in Class. A Contemporary Approach to Music* (Universal Edition). Seguem-lhe os mais jovens, Brian Dennis e John Paynter, também na Inglaterra, que, junto com a Alemanha e os países nórdicos, foi o cenário das últimas transformações pedagógico-musicais. No Canadá, o compositor E. Murray Schafer publicou vários trabalhos originais destinados aos professores, nos quais resume suas interessantíssimas experiências educativas com jovens e crianças. Talvez o título dessas obras consiga transmitir a atmosfera de inovação e criatividade que prima em sua obra pedagógica: *O Compositor na Aula, Limpeza dos Ouvidos, A Nova Paisagem Sonora, Quando as Palavras Cantam* e — o último — *O Rinoceronte na Aula* (Ricordi).

Na década de 60 começa a experimentação sonora a nível educacional na Suécia. Folke Rabe e Jan Bark criam juntos, em 1968, a pedido das Juventudes Musicais da Suécia, a primeira "Oficina de Som", da qual emergem mais tarde os materiais didáticos publicados, em 1975, pelo Movimento de Educação Popular.

Na Alemanha, um dos mais importantes centros mundiais de música contemporânea, surgem pedagogos como Lilli Fiedemann, Gertrud Meyer-Denkmann e outros, sem contar as experiências realizadas no campo educacional por compositores de renome internacional, como o argentino Maurício Kagel. Também na Argentina são realizadas experiências valiosas, principalmente a partir de um memorável seminário pedagógico dedicado à música contemporânea, organizado em 1971 pela Sociedade Argentina de Educação Musical, que determinou uma profícua e definitiva aproximação entre os pedagogos e compositores do meio. Não é menor o estímulo que produzem no magistério musical mais inquieto os já famosos Cursos Latino-Americanos de Música Contemporânea, iniciados e auspiciados pela Sociedade Uruguai de Música Contemporânea.

É visível a transformação que vai se produzindo no estilo geral da aula de música na escola. Junto a uma maior amplidão e liberdade na conduta dos educandos e uma maior espontaneidade e naturalidade no trato por parte dos professores, observa-se um manejo mais informal dos materiais musicais, com predominância dos enfoques criativos que envolvem, como já dissemos, descoberta e exploração por parte dos alunos.

Na escola secundária, professores de classe e de música discutem com seus alunos temas como estes: o valor estético e a função social da música, o prestígio e o valor real da música popular. A ruptura de barreiras que separam os diferentes gêneros musicais (música primitiva, folclore, música popular, música culta) ou o sentido profundo da música contemporânea que, ao abordar até as suas últimas conseqüências o conhecimento e a experimentação com a matéria sonora, consegue despertar novas possibilidades expressivas no homem.

Por princípio, todo conceito deverá ser precedido e apoiado pela prática e manipulação ativa do som: a exploração do ambiente sonoro, a invenção e construção de instrumentos, o uso sem preconceitos dos instrumentos tradicionais, a descoberta e a valorização do objeto sonoro. Papéis, pedras, vidros, bolas, madeiras, tubos, couros, darão lugar a imaginativos instrumentos que as crianças projetam e constróem na aula de música, na escola primária. Com eles executam estranhos sons ou compõem música adequada para acompanhar suas danças, contos, poesias, criações dramáticas e audiovisuais. Tanto na escola primária como na secundária, os alunos já começam a fazer experimentações com as bases acústicas e a tecnologia do som. Segundo a disponibilidade e o nível econômico dos estabelecimentos, utilizam-se aparelhos simples ou mais ou menos aperfeiçoados de gravação e de áudio, com os quais praticam-se *collages* e distorções sonoras.

As diferentes formas atuais de notação musical precedem com toda a naturalidade a notação tradicional. Pontos, linhas e desenhos diversos de decodificação simples (notação *analógica* por contraposição à notação *simbólica*) substituem as notas e figuras no pentagrama. Algumas dessas partituras "contemporâneas" são compostas coletivamente e interpretadas por grupos de crianças ou jovens. Às vezes adquirem o aspecto de quadros de pintura abstrata ou de arte *pop*, cheios de *collages* de materiais diversos que sugerem as diferentes texturas sonoras. Essa linguagem artística polivalente ou mista encontra-se muito próxima da natureza e da sensibilidade da criança, que é sincrética tanto no que diz respeito à percepção da realidade, como a suas formas de expressão.

*Em direção a uma pedagogia contemporânea da música*

Mas devemos advertir que a presença de materiais novos em aula não basta para configurar uma pedagogia contemporânea da música. Será absolutamente necessário que novos meios ou procedimentos apoiados nas teorias atuais da aprendizagem conduzam aos fins propostos. Tive oportunidade de presenciar aulas nas quais se apresentaram temas da atualidade que supostamente deveriam captar o interesse dos jovens — noções de acústica, experiências de improvisação com sons ao vivo ou composição com sons gravados, análise harmônica de partituras de música popular, estudo e execução de partituras vocais e instrumentais contemporâneas — desenvolvidos com técnicas pedagógicas antiquadas: o essencial para essas formas de aprendizado pareceria ser ainda a repetição e não a compreensão, a técnica superficial e mecânica e não a expressão, a teoria desvinculada da prática ou, o que a longo prazo resulta igualmente desinteressante, a prática pura desligada da participação ativa da consciência mental.

Se tivesse que sintetizar, empregando apenas uma palavra, a essência desse rico e interessante período que atravessa a pedagogia musical elegeria o conceito de *integração*, pois no meu entender o momento que estamos vivendo é de adição e síntese, mais que de descoberta; música e sociedade, música e tecnologia, música e ambiente acústico, música e educação artística, educação geral, educação pré-escolar, educação permanente.

Gostaria de documentar, através de breves citações, o pensamento básico de três dos mais ilustres representantes atuais da arte e da pedagogia musical:

Diz John Paynter: "Não existe um abismo tão grande entre a música de hoje e a música do passado. Na realidade não existe nenhum abismo. O que acontece é que os recursos se ampliaram: agora existem mais sons disponíveis para fazer música e mais maneiras de usá-los." [2]

John Cage, num artigo escrito em 1974, intitulado "O futuro da música" [3] expressa: "Enquanto penso no futuro da música, percebo que ela, como uma atividade separada de outras atividades, não é concebível em minha mente. As questões estritamente musicais perderam toda a sua seriedade."

Egons Kraus, ex-presidente da Sociedade Internacional de Educação Musical (ISME) e vice-presidente do Conselho de Música da Unesco, afirma: "O homem é um ser em desenvolvimento, e o processo começa quando nasce e só termina com a morte; os sistemas educacionais

---
2. John Paynter, *Hear and Now*, Londres Universal Edition.
3. Artigo reproduzido na revista *Talea*, 1, Universidade Autônoma do México.

devem levar em consideração esse fato se pretendem ser efetivos." Mais adiante, continua: "Uma certa proporção de atividade educacional deve perder seu caráter formal e ser substituída por modelos flexíveis e diversificados. Em resumo, a educação deve ser concebida como um contínuo existencial tão longo quanto a própria vida." [4]

E para concluir acrescento uma reflexão pessoal, extraída de minha obra: *Fundamentos, Materiais e Técnicas da Educação Musical*: [5]

"Difícil e complicada a tarefa do pedagogo. Um duplo compromisso — perante o homem e perante sua cultura — exige que viva no presente, compartilhando e compreendendo o mundo exterior e as inquietações espirituais de seus alunos, sem descuidar da sua ancestral missão, aquela que consiste em preservar a cultura, rastreando no passado as essências vivas e resgatáveis desse mesmo homem que hoje o preocupa."

*O futuro*

Pôr em dia os processos pedagógicos na música é uma tarefa que se realiza lentamente e tarda bastante para se generalizar. Por isso coexistem, na atualidade, as mais opostas e contraditórias técnicas e enfoques nos diferentes meios em matéria de educação musical: desde um recalcitrante tradicionalismo até as orientações de vanguarda que cobrem uma extensa gama de tendências e qualidades de ensino.

Na pedagogia, como na arte, a única constante é o movimento, a busca interna e a exploração da realidade circundante. Essa atitude é, a nosso ver, a única que pode chegar a configurar uma pedagogia aberta na qual o local e o universal, o individual e o coletivo se fundam e se integrem naturalmente.

---
4. International Music Education, *ISME Yearbook*, 1975-76/III, Schott 6693.
5. Obra citada, Buenos Aires, Ricordi.

É fundamentalmente importante que em todos os países as autoridades educacionais sejam o suficientemente lúcidas para poder resgatar uma vez mais a música e colocá-la a serviço ativo da educação, ou seja, do desenvolvimento integral do homem.

## VII. NECESSIDADE DE UMA PEDAGOGIA ATUAL PARA A FORMAÇÃO DO INTÉRPRETE [1]

Quando ouço alguém tocar piano, por um princípio elementar da teoria da comunicação, recebo uma série de informações relacionadas com a natureza do intérprete; assim, registro certos dados sobre o seu grau de maturidade, de sua cultura e sensibilidade, seu estado de ânimo e nível de preparação intelectual e musical. Percebo, ao escutá-lo, se sabe harmonia e se sua consciência vai registrando os acordes que toca, que tipo de memória tem, se é submisso e apenas escuta seus professores ou se contribui com idéias próprias; sinto sua coragem, seu arrojo, ou sua timidez e insegurança. Recebo o que o intérprete põe em sua execução — vida, entusiasmo, concentração, agressividade, rotina, cansaço —, mas, ao mesmo tempo, poderia chegar a reconhecer se aquilo que está me oferecendo nesse momento vai ao encontro daquilo que necessito. Então, como professora, trato de influenciá-lo positivamente, atendendo, na medida do possível, e sempre através da prática, às causas mais profundas de sua conduta.

Em todo ambiente pedagógico-musical é possível detectar três tipos ou categorias de intérpretes: 1) o intérprete nato; 2) aquele que nunca chegará a sê-lo; 3) o intérprete potencial. É com o terceiro grupo que a pedagogia tem a mais ampla margem e as melhores possibilidades de ação.

---

[1]. Trabalho apresentado à V Conferência Interamericana de Educação Musical, México, outubro de 1979.

Trata-se daquelas pessoas que apenas mediante uma adequada orientação poderiam chegar a desenvolver suas capacidades musicais, contidas por motivos psicológicos ou por uma educação geral e ambiental equivocada.

Uma das características essenciais do nosso ensino consiste em considerar o instrumento precisamente como um instrumento, ou seja, como uma ferramenta, um meio — embora muito lindo e digno — para chegar à música. O fato de que numa educação instrumental mais especializada e sobretudo no nível superior, o instrumento possa chegar a constituir-se em um fim em si mesmo, não deveria afastar do nosso pensamento a premissa básica de que o que importa, em primeiro lugar, é conectar nossos alunos com a música.

Educo todas as crianças como um intérprete em potencial, como um compositor em potencial, como um maestro em potencial, enfim, como um ouvinte qualificado em potencial. O aprofundamento das características essenciais em cada uma dessas áreas será realizado de maneira paulatina. A transformação não é abrupta e apenas poderia ser comparada com o crescimento e desenvolvimento do ser humano em geral.

A educação musical tradicional geralmente concebia os seres humanos como máquinas decodificadoras de uma linguagem escrita e dedicava a maior quantidade de energia ensinando a decifrar as notas para que fosse possível transferi-las ao instrumento. Desse modo, as pessoas funcionavam num nível mental muito pobre, embora fossem treinadas e chegassem a ser excelentes leitores, pois ao proceder assim deixavam de lado um dos aspectos mais importantes na música: a participação do ouvido.

A educação tradicional também se concentrou intensamente no ensino da *técnica*. Diríamos que as duas obsessões fundamentais foram: como proceder para ler a música escrita e, depois, como proceder para poder executá-la. A técnica consistia, freqüentemente, numa série nem sempre coerente de indicações sobre a maneira de tocar, quase sempre referida a aspectos parciais que se inculcavam de fora para dentro.

O pedagogo contemporâneo, em troca, objetiva que o processo educativo-musical se realize de dentro para fora. Sua maior responsabilidade consistirá, pois, em resgatar e integrar todos aqueles aspectos musicais e individuais que foram descuidados pela educação tradicional.

Em primeiro lugar, mencionamos a *educação do ouvido*. O que mais se assemelha à música são os idiomas: por isso se diz que a música é uma linguagem. No ensino sistemático dos idiomas trata-se de reproduzir ao máximo o processo espontâneo que uma criança ou uma pessoa qualquer realiza, quando situados num ambiente onde se fala uma língua estrangeira.

A participação do ouvido constitui a base da *compreensão mental*. A mente musical só pode entender verdadeiramente e trabalhar dentro do contexto que o ouvido lhe fornece. Podemos afirmar que nenhuma pessoa, salvo os deficientes auditivos graves, carece de experiência auditiva. Mesmo que não tenha freqüentado um estabelecimento para realizar um trabalho de iniciação musical infantil e uma educação auditiva consciente, todo indivíduo, a partir de seu nascimento, recebeu, através do ouvido, múltiplos e variados estímulos que ficaram registrados em seu córtex cerebral.

Nós não procederemos como aqueles professores que ensinavam a ler ou, no melhor dos casos, a escutar, antes de levar seus alunos ao piano. Iremos diretamente ao instrumento para aprender e para nos enriquecer ao mesmo tempo. O piano será nosso instrumento musicalizador e não aquele altar que se deveria adorar. Desse modo, esse venerado e cotidiano objeto familiar contribuirá ativamente para nossa educação.

Esse conceito vincula-se, também, de algum modo com nosso enfoque da *técnica*. As técnicas tradicionais não se importam muito com o que sou hoje: bruto, rústico, pois só têm em mente como deveria ser. Por isso nem sequer se detêm para escutar o que faço. Cada vez que me expresso e "martelo" o piano porque ainda sou uma criança, inibem minha expressão dizendo: "Não. Tem que fazer assim" e, sem explicações, ensinam-me esse bonito modelo estereotipado, esse bonito maquiado, como tudo o que se trata de impor de fora para dentro; porque há um ponto ao qual devo chegar sem que exista em mim nenhuma idéia clara e, sobretudo, nenhuma justificação do caminho a ser percorrido.

Nesse caso, o que nós buscamos, em primeiro lugar, é a participação ativa e a adesão da criança. Assim, advertimos que sempre existe um processo a ser cumprido: que a criatura que hoje "martela" e se expressa freneticamente, não deixará de fazê-lo de imediato por mais que eu me empenhe em demonstrar-lhe que é melhor tocar com suavidade e delicadeza. Se tem necessidade de fazer algo que deseja intensamente, como por exemplo, tocar uma música ou canção que conhece, ou talvez um *jingle* de televisão, ou o tema de um filme em cartaz, devo, como bom professor, compreender que a "fome" vem em primeiro lugar e respeitar essa necessidade, antes de lhe solicitar um maior grau de refinamento. Isso não significa que vou passar a vida inteira observando alguém que devora sem parar, sem ensinar-lhe boas maneiras. Simplesmente desejo ensinar-lhe a conhecer-se, já que é algo que para nós tem a maior importância.

A *criatividade* também se incorpora naturalmente através do respeito que expressamos pela criança como centro e ponto de partida da educação musical. A criança é que deverá ligar-se ao piano, instrumento que ainda não conhece; é ela quem vai explorá-lo e usá-lo, para "dizer" e "fazer" o que tiver vontade. E isso é algo que começa não no primeiro dia de aula, mas no primeiro dia em que ela chega a estar fisicamente perto de um piano, tenha ou não aulas com um professor. Por esse motivo, sempre costumo repetir, quase como um *slogan*, que "o piano deve encontrar-se na casa o maior tempo possível *antes* que a criança comece a ter aulas sistemáticas". Praticamente todas as crianças que chegam a uma casa onde há um piano, vão diretamente tocá-lo. Cada uma à sua maneira, mas é muito raro — só quando se trata de crianças muito inibidas — que não queiram testá-lo ou explorá-lo. Durante a etapa em que o piano está em casa, vai se construindo uma relação muito particular, muito pessoal entre a criança e o instrumento, que não começa por decreto, nem a partir de uma série de imposições no momento em que decide, finalmente, começar as aulas. Hoje se pede, em todos os campos educacionais, algo fundamental: testar, experimentar para poder sentir e escolher melhor o caminho, o próprio caminho. Na educação instrumental ainda não se generalizou essa atitude lúdica que já se converteu em algo indiscutível quando se trata, por exemplo, do ensino das ciências. O professor deveria pensar de que maneira poder-se-ia repor essa experiência que algumas pessoas não tiveram, para assim restabelecer o equilíbrio em sua *relação com o instrumento*.

A *linguagem musical* é aquilo que conseguimos *conscientizar* ou aprender a partir da experiência. Um professor moderno, que sente muito as crianças e se relaciona bem com elas, que ama a música e ama seu instrumento, ensina uma linda música a uma criança, sem nenhum problema. A criança pequena tem bom ouvido, absorve a música com facilidade e cada vez que vem à aula aprende algo novo. Mas acontece que essa criança não tem a menor idéia sobre os elementos que ela própria está manejando. Para que seu desenvolvimento seja harmonioso será necessário que, de alguma maneira, participe mentalmente do que está fazendo. Isso implicaria em dominar, a nível prático e de acordo com a idade, conceitos básicos como tonalidade, modo, valores rítmicos, harmonia funcional etc. O fato de ler música não implica — e às vezes até dificulta — nesse tipo de participação da consciência mental que é o *sustratum* da experiência. Não se trata de exigir demais, nem de intelectualizar o ensino, mas simplesmente de sensibilizar a criança, torná-la receptiva e consciente diante de sua própria experiência. Os elementos de linguagem musical são adquiridos, em cada idade, como "aquilo que eu sei e que *conheço* sobre o que eu mesmo *faço*".

Mas a linguagem musical implica também na possibilidade de usar a música para dizer tudo o que se sente: coisas lindas e coisas feias. *A linguagem, porém, não é ARTE*. Eis aqui uma diferença de enfoque, bem importante, com relação à educação tradicional: ela tinha obsessão pela arte, quase tanto quanto pela leitura e pela técnica. Devia-se introduzir o primeiro Bach ou o *Álbum da Juventude* de Schumann o quanto antes. Logo de início, a meta era a "música" do exame. Qual foi a criança que chegou a entender, participar ou degustar Bach dessa maneira? Muito poucas, porque não houve caminhos graduais para se poder sentir a necessidade e a imponência de sua música. Quando se tem a precaução de colocar no caminho as pedras que faltam, o resultado é completamente diferente: por isso é que nós dizemos que vamos desde a "rua" até Bach, desde as canções infantis e populares, desde os *jingles* de televisão, desde o que a criança é capaz de inventar e, assim, subindo e subindo até que um dia ela chegue a refletir com admiração: Puxa, esse Bach é um cara genial! Que idéias que ele tem! E isso acontece porque ela já teve a experiência de encontrar idéias próprias e sabe que não é nada fácil produzir algo assim. Em compensação, na minha época, quando estudávamos Bach, podíamos estar tocando a coisa mais genial do mundo, sem reparar nela. Afinal de contas era só questão de ler esta nota e tocar, ler a seguinte e tocar... Essa abertura face à obra de arte é uma das conseqüências mais importantes de um enfoque mais psicológico, mais humano da educação musical.

O pedagogo que se especializa em educação de intérpretes deveria ter sempre em mente que cada um dos aspectos ou traços a serem desenvolvidos segue estritamente uma *linha evolutiva* tão lógica e natural como a que caracteriza outros processos humanos. Assim tudo começa onde estávamos — e não do zero, pois o zero absoluto seria o nascimento, ou talvez antes, como afirmava Kodály, no caso da música —, mas sempre com vida e com verdade, embora não haja precisão nem maestria, há o domínio do corpo, expressam-se sentimentos, compreende-se.

Com o apoio e a compreensão do professor o aluno perceberá como, com o passar do tempo, vai se modificando e se afirmando sua relação com a música e com o instrumento.

O método contemporâneo é consciente, integral e eclético: apela para o afeto, para a técnica pura (corpo-mente), o intelecto e a sensibilidade estética. Aplica uma técnica funcional que se adquire de dentro para fora, e não constitui um fim em si mesma, mas está relacionada com o resultado estético e sonoro. Trata de desenvolver, através de um repertório amplo e gradual, uma capacidade expressiva verdadeira e madura, e não uma mera maquiagem ou máscara musical. Aspira a dar uma formação musical sólida que assegure a capacidade de atenção e concentração, o desenvolvimento da memória inteligente e a aquisição de uma bagagem de conhecimentos em estreita relação com a prática musical.

Pedi a alguns alunos meus, crianças e jovens, que explicassem ou dissessem — por escrito — o que significava a música para eles. Eis aqui uma das respostas que mais me impressionou. José tem doze anos e diz: "A música: sinto alegria ao estar em contato com ela, em alguns momentos me conforta, faz com que eu me sinta muito melhor. A música me ajuda muito e penso que o homem que não está em contato com ela não está totalmente formado. Agora, neste momento, não poderia deixá-la. Vejo que a música é algo indescritível, mas eu fico com a música antiga, porque não entendo os músicos modernos. Toda a música que eu fiz me agradou muito, embora eu goste mais de fazer minha música do que de interpretá-la. Acho que as pessoas se sentiriam melhor fazendo sua música, em liberdade, assim cada um encontraria seu verdadeiro lugar dentro dela. Espero encontrar meu real e verdadeiro lugar nela."

Apesar dos muitos anos de profissão, não posso evitar que cada um desses depoimentos me toque profundamente. É como perguntar a um filho: "Por que é que você gosta da mamãe e do papai?". A gente nunca pergunta essas coisas. Sabe-se lá por quê! Talvez porque estejamos tão preocupados em cuidar e defender a música, resgatá-la da miscelânea de mistificações e preconceitos, que preferimos não perguntar, não remexer e deixar as coisas como estão.

Então, de repente, descobrimos opiniões maravilhosas, desinteressadas: "Agora percebo que é algo indescritível", "de que não poderia viver sem ela". Poderia ter dito muito menos se apenas estivesse preocupado em agradar — por obrigação — ao professor que formulou a pergunta.

Esses comentários deveriam iluminar-nos quando ensinamos música. Mesmo que nem todos sintam da mesma maneira, não existe praticamente ninguém que não tenha uma história, uma relação particular com a música. Toda criança espera que seu professor lhe mostre a maneira de chegar a ela. Por isso, os caminhos deviam ser diretos, rápidos, funcionais e, sobretudo, eminentemente humanos.

## VIII. IMPORTÂNCIA DA EUTONIA NA FORMAÇÃO DOS MÚSICOS [1]

Na relação que todo indivíduo estabelece com a música desempenha um importante papel a relação particular com o instrumento, uma vez que é o meio, a ferramenta mediante a qual o músico faz ou produz música.

A relação homem-instrumento-música constitui um dos vínculos mais interessantes que se dão entre um indivíduo e um objeto externo a ele. É de tal complexidade e riqueza que só poderíamos compará-la com a comunicação que se estabelece entre dois seres humanos. Analisamos em outra obra,[2] com mais detalhes, as características dessa relação, cuja essência reside na incrível capacidade do som e da música para mobilizar o homem em todos os níveis: físico, afetivo, mental e supramental (Edgar Willems).[3]

Sendo a música uma linguagem eminentemente expressiva, é lógico que se dê ênfase especial ao aspecto afetivo da participação. Entretanto, não deveríamos perder de vista a função primária que cumpre o corpo como sede e origem dos processos psíquicos de toda índole.

---

1. Trabalho apresentado no Primeiro Congresso Argentino do Movimento e da Saúde, Buenos Aires, maio de 1981.
2. *Fundamentos, Materiales y Técnicas de la Educación Musical*, Buenos Aires, Ricordi, 1978.
3. *El Valor Humano de la Educación Musical*, Buenos Aires, Paidós, 1981. Ver também de G. Alexander, *La eutonía*, Buenos Aires, Paidós, 1979 e de D. Digelmann, *La Eutonía de Gerda Alexander*, Buenos Aires, Paidós, 1981.

Embora o desenvolvimento da cultura do Ocidente tivesse relegado o culto do corpo a um segundo plano, quase sempre em detrimento dos processos de caráter mental, durante as últimas décadas vem se ressaltando insistentemente a necessidade de resgatar o corpo para uma vida mais natural e integrada do homem. Se pensamos, por exemplo, na interpretação musical, teremos que reconhecer como um princípio elementar que surge da teoria da comunicação, que só no caso em que todos os aspectos individuais (físico, emocional, mental) se encontrem adequadamente equilibrados poderemos falar de uma verdadeira expressão artística. O ouvinte recebe — consciente ou inconscientemente — a "informação" que o músico lhe transmite através de sua execução e responde a ela segundo o aspecto que tenha sido particularmente destacado. Desse ponto de vista, será frustrante ou pouco expressiva para o ouvinte especialmente sensível aos aspectos físicos do toque a interpretação de um excelente executante que não tenha conseguido vencer certas inibições de caráter corporal.

Como ponto de partida, insistiremos então na necessidade de uma "infância" musical para o futuro intérprete. Durante esse período, a descoberta do próprio instrumento chegará a ser tão essencial para ele como a descoberta do corpo para toda criança sadia.

Um bom contato físico com o instrumento é fundamental para a relação de todo indivíduo com a música. No início esse contato deverá ser direto, sem interferências de nenhum tipo, como poderiam ser uma partitura, indicações ou regras de caráter técnico. Apenas desse modo será possível estabelecer um processo natural de crescimento, baseado nas próprias necessidades do estudante e em seu próprio ritmo de aprendizagem.

Qual o motivo por que a maioria dos instrumentistas, cantores e maestros ignoram as leis naturais do movimento e do funcionamento do corpo, principalmente se os compararmos com os esportistas, acrobatas, certos artesãos, operários e até mesmo os astronautas? É evidente que nenhuma dessas pessoas poderia atrever-se a descuidar de seu comportamento físico, nem de seu corpo durante o desenvolvimento de suas atividades específicas, colocando em risco sua própria vida. Por outro lado, a maioria das técnicas tradicionais relativas à execução instrumental não foi ainda detidamente analisada e atualizada; por esse motivo, atravessa um período de intensa crise.

Uma escola técnica consiste, comumente, num "pacote" de regras e instruções precisas e graduais que supostamente surgem ou se apóiam em certos princípios fundamentais que, geralmente, caíram no esquecimento com passar dos anos. Toda escola técnica tem, então, seu próprio "dogma", que não poderá ser criticado nem submetido a comprovação por nenhum dos seus defensores. O músico que adotou uma determinada escola costuma, freqüentemente, reagir como aqueles membros de certas comunidades religiosas que se fecham para se proteger de toda influência externa ou, inclusive, de qualquer objeção que poderia originar-se em seu próprio pensamento. Falando em termos psicológicos, poderíamos dizer que elabora "defesas" que lhe permitem manter a calma e também a onipotência (uma vez que pensa que sua técnica é, indiscutivelmente, a melhor de todas). Desse modo é incapaz de ver, escutar, pensar, entender, apesar de ter olhos, ouvidos e um bom cérebro. Provavelmente vai se sentir terrivelmente mal quando escutar algum comentário crítico sobre sua técnica; algumas vezes reage atacando seu "inimigo" como se sua própria vida, sua mãe ou sua religião se encontrassem em perigo; outras vezes porá em movimento seu aparelho de "defesa" para permanecer calmo e indiferente diante do que se diz ao seu redor ou que lhe foi expresso diretamente.

Quando erra ao tocar, o executante não será capaz de reconhecer a causa real e tratará rapidamente de encontrar alguma outra explicação, como falta de estudo ou mesmo de talento musical, um choque emocional, falta de concentração etc.

Por outro lado, pode acontecer às vezes que as coisas saiam bem não por causa de uma boa execução técnica, mas por uma forte motivação emocional ou mental. É o caso de certos músicos populares que, por exemplo, são capazes de executar peças muito difíceis e realizar com êxito passagens de caráter virtuosístico, apesar de sua falta de maturidade técnica. É porque se sentem estimulados, como se se encontrassem sob um transe benéfico que lhes permitisse superar qualquer problema relativo à velocidade, coordenação ou alguma destreza especial. Nesse caso, o êxito depende de fatores que escapam ao controle do instrumentista; se lhe pedirem para tocar lentamente ou para que pense no que está fazendo, seus problemas físicos aparecerão e, provavelmente, sua segurança não durará muito mais, pois inevitáveis tensões e dores musculares lhe impedirão de prosseguir a tarefa. Isto, é claro, não acontece apenas com músicos populares. Um intérprete famoso como Menuhin, por exemplo, em certo momento de sua carreira teve que deixar de tocar para corrigir alguns aspectos equivocados de sua técnica; esse e outros casos análogos são amplamente conhecidos.

Todo músico, assim como o bailarino ou o esportista, poderá prolongar sua vida profissional ativa na medida em que for capaz de atuar sem tensões, de acordo com as leis naturais do movimento, economizando inteligentemente suas energias. Esse é, sem dúvida, o segredo dos grandes intérpretes que não apenas conseguem manter a beleza e a intensidade do som, mas também a precisão, resistência, velocidade e força de ataque até a idade de oitenta anos ou mais, sem sentir perdas na memória ou na capacidade de participação de nenhum tipo.

Temos observado também outros interessantes fatos com relação ao comportamento físico dos instrumentistas e a sua falta de verdadeira consciência corporal, mesmo tratando-se de executantes excepcionais. No momento em que devem abordar as passagens mais difíceis, as de maior risco, poderíamos dizer, costumam abandonar naturalmente sua técnica consciente para atuar de maneira totalmente livre e espontânea; isso lhes permitirá solucionar, por exemplo, certos problemas de volume sonoro ou de velocidade. Essa incoerente mistura de dois diferentes comportamentos a nível técnico poderia comparar-se à dicotomia que alguns professores famosos evidenciam na pedagogia do instrumento. Em vez de explicar a seus alunos exatamente de que maneira eles solucionam os problemas técnicos de acordo com sua própria experiência, continuam repetindo indefinidamente, ao ensinar, os mesmos princípios que receberam dos professores quando eram estudantes.[4]

Tudo isso nos mostra novamente uma incrível falta de consciência da função do corpo na execução de instrumentos musicais. Se o conhecimento e a utilização da técnica fossem realmente de caráter científico, poderiam então ser analisados, discutidos e, eventualmente, modificados. Assim, será necessário realizar um urgente processo de desmistificação, baseado numa nova consciência corporal mais apropriada aos tempos que estamos vivendo e ao nível de conhecimentos atingido pelas diferentes ciências relacionadas com o corpo humano em atividade. Para adquirir tal consciência, essencial para se tocar e se ensinar um

---

4. Seguramente não é essa a única dissociação desse tipo que acontece no ensino da música. É muito comum encontrar compositores contemporâneos — inclusive aqueles que se dedicam à música de vanguarda — que seguem exatamente e sem questionamentos os cânones tradicionais — quanto à atitude, é claro — quando ensinam harmonia, contraponto ou composição a seus alunos. Da mesma forma, contradiz-se na ação pedagógica o músico prático que toca de ouvido ou que está acostumado a improvisar quando, ao ensinar, mostra-se radicalmente teórico.

Em troca, não encontramos nenhuma incoerência nas crianças que, devido a uma progressiva e generalizada liberdade, seguem o aprendizado espontâneo das leis naturais; portanto, desde muito pequenas manifestam extraordinaria capacidade pedagógica: quando ensinam ou corrigem seus companheiros, mostram uma grande clareza com relação às metas, bem como aos passos necessários para atingi-las. Neste momento penso em minha filha Mariana, de 8 anos, que depois de fazer uma demonstração na piscina de como sabia atirar-se na água de costas, descrevendo um arco perfeito, explicou-me o "método" para aprender a saltar dessa maneira: "Primeiro é preciso praticar o giro para trás dentro da água; depois, da escadinha, começando do degrau mais baixo e subindo um degrau de cada vez até chegar à beira da piscina e, finalmente, ao trampolim."

instrumento, é preciso realizar uma profunda reflexão e também uma cuidadosa observação, tanto do próprio toque quanto dos demais.

Para concluir essa introdução dedicada à crise do ensino tradicional e aos problemas que essa crise cria para os músicos, gostaria de referir-me, brevemente, à importância de se desenvolver a capacidade e a sensibilidade da audição. Escutamos freqüentemente alguns intérpretes bastantes sensíveis e trabalhados a nível emocional e mental, que não conseguem transmitir o impulso necessário ao som individual ou à frase musical. Na verdade, embora o executante sinta a necessidade do impulso, não chegará a perceber que está misturando dois tipos de sensação que, na realidade, se sucedem em canais diferentes, devido a uma limitada capacidade de audição de seu próprio toque. Se o escutamos de olhos fechados, percebemos um fraseado frio e descontínuo; ao abrir os olhos e observar sua conduta corporal enquanto toca, confirmamos que realmente sente o fraseado, mas o executa com seu corpo e não com os dedos no teclado. Esses indivíduos, que imaginam que seu nome soa da mesma maneira que eles sentem a música, têm extrema dificuldade, ou mesmo impossibilidade, de discriminar a diferença entre seu próprio toque e o de outro colega, capaz de transmitir o impulso correto ao som.

Na música, o ouvido nos informa sobre o grau de precisão e agudeza do comportamento corporal. Poderíamos dizer que o ouvido educa o corpo e, ao mesmo tempo, que o corpo educa o ouvido, num permanente processo de *feedback*. Quando o ouvido não se sente satisfeito com o resultado sonoro, automaticamente induz leves modificações a nível corporal, que tendem a melhorar a qualidade do som. Mas, sistematizar toda essa delicada e subconsciente rede de reflexos, comum à maior parte de músicos natos e a todos os professores e estudantes intuitivos, não é uma tarefa simples para aqueles que não foram treinados na observação corporal. Entretanto, não podemos subestimar, do ponto de vista pedagógico, todos os tipos de imitação que na realidade se encontram ligados a importantes mecanismos de adaptação entre os seres humanos, uma vez que queremos que o processo de aprendizagem seja o mais rico e diversificado possível. O processo vivo do ensino-aprendizagem deveria, pois, integrar diversas formas de comunicação: o aluno imita o som de seu professor, que constitui um modelo para ele, e o professor imita o som de seu aluno, que deve ser melhorado. E isso se torna benéfico para ambos.

Não é possível, num trabalho breve como este, analisar detalhadamente as principais descobertas de Gerda Alexander do ângulo da execução instrumental e da preparação dos músicos em geral. Cada um dos princípios básicos e cada uma das técnicas da eutonia são sumamente valiosos para as pessoas interessadas em obter melhores resultados em sua técnica vocal ou instrumental. No meu caso particular, o contato pessoal e sobretudo o privilégio da amizade de Gerda desde 1970 constituiu o principal catalizador que me permitiu integrar e harmonizar uma quantidade de influências positivas prévias, que experimentei durante minha preparação profissional como pianista e professora de piano.

Tratarei de explicar brevemente alguns dos procedimentos que uso para ajudar os futuros intérpretes e executantes a obter melhores resultados no que diz respeito à qualidade e à quantidade de som, bem como a obter velocidade e resistência com o mínimo esforço e maior grau de participação. Essa diminuição de esforço exercerá uma influência positiva e prolongará a atividade profissional do intérprete. Sempre me lembro da lamentável impressão que me produziu aquela "boa" pianista acompanhante que, ao terminar de tocar uma das sonatas para flauta de Johann Sebastian Bach, mostrava-se tão exausta que, na verdade, parecia haver terminado de correr uma maratona. Eutonicamente falando, a pessoa que termina de correr uma maratona deveria sentir-se tão descansada e relaxada como aquela que acaba de tocar a sonata para flauta e piano de Bach.

O principal problema na execução pianística consiste — como na maior parte dos instrumentos — em aumentar a destreza dos dedos (motricidade fina), enquanto o corpo, aparentemente passivo, mantém um tônus ótimo que permite a livre circulação da energia desde e entre os três principais pontos de apoio (pés-chão, ísquios-cadeira, dedos-teclado).

O pianista senta-se diante de seu instrumento de tal maneira que a energia flui em direção ao teclado, criando-se um circuito completo a partir do chão (reflexo postural), passando pelos ísquios, coluna vertebral, clavículas, braços, até terminar nos dedos (gráfico 1). A posição ideal do intérprete diante do piano nos lembra a posição do feto no ventre da mãe (gráfico 2). O ângulo agudo formado pela articulação dos quadris (gráfico 3) reforça o apoio natural nos ísquios e evita possíveis "perdas" de energia pelas costas (gráficos 4 a 6); também induz a uma sensação de maior integridade corporal, já que o peso do tronco se projeta sobre as coxas e através dos joelhos para os pés, reforçando naturalmente a sensação do reflexo postural; o pianista sente que seu corpo está "todo junto" e é capaz de reagir rapidamente, por exemplo, para levantar-se ou dirigir-se para qualquer dos registros do piano com maior facilidade.

As mãos vão ao teclado como se quisessem agarrar alguma coisa (as teclas): essa atitude de tomar posse do teclado dá às mãos e dedos um papel ativo e dominante. O braço atua como uma ponte livre que, começando no ombro, termina na ponta dos dedos (terceira falange). De acordo com o movimento eutônico, as articulações (ombro, cotovelo, pulso) atuam como válvulas vivas permanentemente abertas (gráfico 5) que permitem a comunicação em direção ao teclado. Há uma sensação de deixar passar, de ter as articulações lubrificadas. Tanto a sensação de tomar posse do teclado por meio das mãos e dedos como a idéia de um sistema de válvulas contribui para regular e equili-

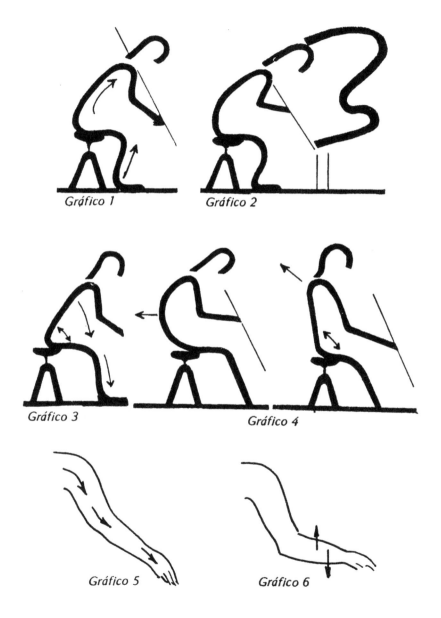

brar o ângulo das articulações: desse modo o braço não cai roçando a lateral do corpo, mas tampouco está demasiado afastado dele; igualmente o cotovelo relaciona de maneira natural o braço com o antebraço e não se encontra nem caído nem desviado exageradamente para fora. O nível do pulso, salvo em algumas passagens especiais, encontrar-se-á ligeiramente curvado e um pouco mais alto que a mão.

Os dedos são a extremidade da extremidade. Constituem na realidade a parte ativa de todo o sistema. A terceira falange é a responsável pelo toque e ataque à tecla; funciona da mesma maneira, poderíamos dizer, que a agulha de um toca-discos, onde a firmeza e a precisão estão unidas a uma extrema sensibilidade. A terceira falange ataca a tecla num ângulo ótimo e orienta corretamente o fluxo de energia em seu ponto terminal. (É interessante e também conveniente tratar de experimentar atacando a tecla de diferentes ângulos para poder sentir as diferenças.) A segunda falange reforça o efeito da terceira e, ao mesmo tempo, sincroniza sua ação com a primeira, de tal modo que o movimento que começa por ação da terceira falange é registrado na inserção do dedo (primeira falange) na mão. O caráter e a qualidade do toque depende em grande parte da ação da terceira falange, que funciona como uma cabeça de martelo ou como a ponta de um alfinete. Nunca nos referiremos a essa ação em termos de pressão, já que nesse caso a parte corporal ativa que executa a pressão invadiria o objeto externo (a tecla) de tal maneira que se perderia liberdade e rapidez de movimento. Tanto o martelo como o alfinete são "armas": ferem e atacam por sua própria natureza, por definição, sem necessidade de agregar nenhuma pressão extra à sua ação direta.

Recomendo insistentemente a meus alunos — crianças e jovens que vêm aprender piano, e também aos professores interessados em atualizar seus conhecimentos e a prática do ensino instrumental — que se ocupem muito especialmente de seu corpo e, dentro do possível, tratem de assistir a aulas de "senso-percepção", "ginástica consciente" ou "expressão corporal" e, é claro, quando for possível, de "eutonia". Mas, além disso, nós realizamos alguns exercícios específicos no teclado e fora dele, cujo propósito é aumentar a consciência corporal do estudante, além de exercitar, ao mesmo tempo, certas condutas corporais diretamente relacionadas com a execução pianística. Mencionarei brevemente alguns exercícios para ilustrar nosso trabalho.

*Unidade corporal*: É necessário que o aluno aprenda a reconhecer os bloqueios corporais que não lhe permitem dirigir voluntariamente e de maneira integral a energia para o teclado.

*Exercícios:*

— Permeabilidade e transporte, prestando especial atenção aos principais pontos de apoio (chão, assento) em posição sentada. Aprender a relacionar (sentir primeiro separadamente e depois ao mesmo tempo) os dedos sobre o teclado com o assento; relacionar o assento com o chão, os dedos no teclado com os pés no chão, os dedos ou as palmas sobre o teclado com os ombros (o professor poderia estar ou não apoiando suavemente suas mãos sobre o ombro do aluno), prestando especial atenção em manter aberta a articulação do ombro.

— Em pé: o aluno empurra com as palmas das duas mãos (ou de uma só) uma parede ou corpo fixo, tratando de sentir a pressão que sua ação produz sobre as plantas dos pés.

— Idem: Duas pessoas, frente a frente, em posição de luta, com as palmas das mãos enfrentadas, tratam de empurrar-se mutuamente a partir do apoio consciente no chão. Aprendem a perceber em que parte do corpo — músculo ou articulação — o circuito se interrompe.

— Praticar movimentos passivos sobre o corpo do aluno sentado ou deitado no chão. O aluno, por sua vez, experimenta mexer partes do corpo do professor, tratando de se conscientizar da importância do ponto no qual se inicia o movimento e seu raio de ação.

— O aluno trata de deixar seu braço/mão completamente passivo para que o professor possa "jogar" com ele, atirando-o para o ar e recolhendo-o como se fosse uma bola. Em seguida, o aluno joga com a mão e o braço do professor ou de outro companheiro.

— Praticar vibrações de maneira passiva no aluno. Por exemplo, sacudindo sua mão de modo que o movimento vibratório penetre em seu braço. Fazer o mesmo colocando a palma sobre o ombro do aluno e imprimindo a ela um rápido movimento vibratório. Aquele que realiza a vibração de maneira ativa (professor ou aluno) provoca uma vibração passiva complementar no corpo do companheiro. Sentir até onde chega a penetrar a onda vibratória no corpo de quem a provoca e de quem a recebe.

*Distinguir partes e funções corporais*

— O aluno identifica, explora, sente qualquer parte isolada do "sistema" (dedos, mãos, pulso, antebraço, cotovelo, braço, ombro, cabeça, coluna vertebral, ísquios, pernas, joelhos, pés etc.). Depois, trata de executar uma determinada ação com essa parte. Por exemplo:

• Movimentos livres com os dedos, usando uma ou ambas as mãos ao mesmo tempo, um dedo, um grupo de dedos ou todos os dedos. Com as palmas enfrentadas, trabalhando simetricamente ou de maneira livre, com um ritmo próprio ou reagindo à música, fazendo "acrobacia" digital etc. (Os movimentos deverão ser sempre suaves e lentos, executados com muita consciência e cuidado para evitar tensão em outras partes do corpo.)

• Bater, martelar, esfregar, por exemplo, com o antebraço ou com o dorso do pulso, uma mesa, o corpo de um companheiro, o corpo do professor ou o próprio corpo.

- Considerar que antebraço/pulso/mão são uma unidade funcional e executar com ela qualquer movimento a partir da articulação do cotovelo (gráfico 7); evitar-se-á exercer tensão no pulso, que deve funcionar sempre como uma ponte neutra que permita a passagem livre da energia.
- Tomar o braço completo como uma unidade funcional e movimentá-lo desde o ombro (gráfico 8), de tal maneira que cada "molécula" ou parte que o constitui "desperte" ao mesmo tempo (como se dissesse: "Hop!").

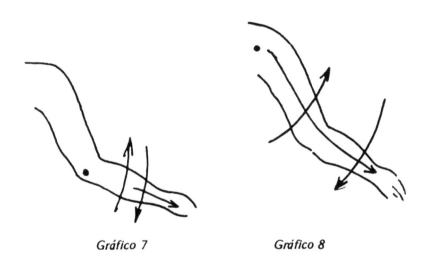

Gráfico 7                Gráfico 8

Desse modo o braço age como uma entidade integrada em lugar de mobilizar-se — como acontece de forma habitual e de forma inconsciente — a partir de qualquer ponto como, por exemplo, o cotovelo, o pulso ou o antebraço. O braço conseguirá, dessa forma, uma perfeita suspensão, enquanto realiza movimentos muito lentos e cuidadosos que nos fazem lembrar os movimentos dos astronautas (gráfico 9) (executados de dentro para fora), com as articulações arredondadas e num estilo muito diferente, quase oposto aos movimentos de tipo marionete (gráfico 10) que precisamente se iniciam nas articulações.

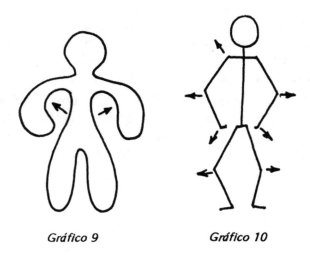

*Gráfico 9*   *Gráfico 10*

• Executar ataques diretos — muito rápidos, sem preparação visível — em direção ao teclado ou qualquer objeto adequado para esse fim: com o punho (fechando a mão sem tensionar), com a palma da mão, com o dorso da mão, com todos os dedos ao mesmo tempo, só com a terceira falange projetada com firmeza por meio do polegar.

• Praticar com a mão e o antebraço no ar, a curta distância do teclado, movimentos rápidos e diretos de ponta a ponta, como preparação para os movimentos de translação da mão esquerda no teclado. Deve-se proceder como se se tratasse de um movimento "programado" que se executa através de uma ordem mental (os dedos e a mão partindo de uma posição conhecida do teclado dirigem-se a outra posição igualmente conhecida), em lugar de conseguir isso graças aos árduos e aborrecidos processos de repetição. Se a articulação do ombro e do cotovelo se encontram livres de tensões, o movimento de translação será direto e responderá automaticamente ao reflexo de transporte originado no ponto inicial do movimento.

*Relação dos dedos com o teclado*

— *Tato* (gráfico 11)

O estudante tratará de pesquisar o teclado ou outros objetos e superfícies — com os olhos abertos ou fechados —; com os dedos esticados, apenas com as gemas dos dedos,

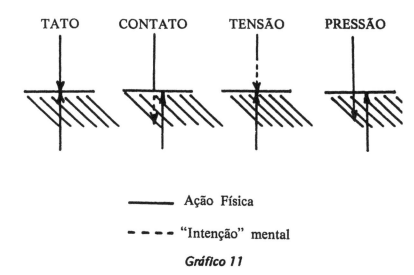

*Gráfico 11*

com o dorso da mão, raspando suavemente com as unhas, deslizando lentamente em direção ao registro agudo e depois ao grave, observando a textura, a temperatura, o nível de umidade das teclas etc.

— *Contato*

O aluno aprenderá a distender seus dedos em direção ao teclado, provando diferentes ângulos de penetração, mas respeitando sempre a direção natural de cada dedo.

— *Ataque*

Pesquisar o ângulo ótimo de ataque (gráfico 12), percebendo a importância da terceira falange como ponto inicial do movimento e como último canal da energia cor-

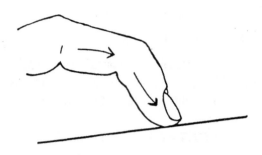

*Gráfico 12*

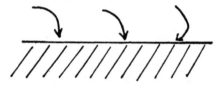

*Gráfico 13*

poral em seu caminho em direção ao teclado. Mudar propositalmente o ângulo de ataque e comparar os resultados (gráfico 13). Explorar ataques com diferentes intensidades, com um dedo só, com todos os dedos juntos ou com qualquer determinado grupo de dedos, com uma só mão, com as duas mãos etc.; observar a simultaneidade do ataque e descarga de peso ou energia (atacar é, de certa maneira, descarregar), controlando a abertura de todas as válvulas do sistema.

— *Sensibilizar a audição*

Aprender a identificar de ouvido a maior ou menor distância do ponto de apoio (ou de qualquer bloqueio corporal) até o ponto de ataque, sem observar a conduta corporal do executante. O impulso sonoro dependerá da distância do braço da alavanca: quanto maior o braço da alavanca, maior a onda projetiva do som. Se o ataque é realizado a partir do pulso, a onda sonora deter-se-á mais rapidamente que quando é realizado a partir do cotovelo (com o antebraço) ou do ombro (com todo o braço). Mas, na minha opinião, a forma ideal de ataque é sempre aquela que se realiza a partir dos apoios naturais do corpo (chão e assento), mantendo abertas as válvulas de todo o sistema; apenas nesse caso o som poderá adquirir sua máxima plenitude e beleza.

— *Colocação do peso do sistema na palma da mão*

O aluno deverá praticar para aprender a transferir o peso de todo sistema para a palma da mão em lugar de sustentar o braço desde o antebraço ou cotovelo, como é freqüente entre principiantes e amadores. Ao agir dessa maneira, todo o braço adquire um tônus ótimo e, portanto, estará pronto para realizar qualquer ação rápida da mão sobre o teclado, em resposta a uma ordem mental. É aconselhável experimentar tocando de maneiras inadequadas, colocando o peso em outros lugares (no antebraço, por exemplo) para poder observar as modificações negativas que experimenta a posição da mão e dos dedos sobre o teclado.

Sintetizando as idéias precedentes, a maior dificuldade da execução pianística consistirá, pois, na identificação ou diferenciação das partes do corpo, de forma a obter o máximo efeito exatamente no ponto específico da ação, sem interferências originadas no sistema muscular ou ósseo.

Gostaria de concluir este capítulo com uma hipótese sobre os dois principais tipos de bloqueios musculares e articulares que observei entre os pianistas:

1) Muitas pessoas que carecem de treinamento e conhecimento técnico (como alguns músicos populares ou amadores), mas que, não obstante, são muito dotados e manifestam enorme prazer em tocar, mostram maiores tensões nas partes superiores do corpo (peito, costas, arti-

culação do ombro); isso não os impede de realizar um trabalho intuitivo relativamente bom com seus dedos no teclado, uma vez que sua relação com a música e com o instrumento é boa e positiva.

2) Aqueles indivíduos que, apesar de terem recebido uma preparação musical e técnica adequada, têm uma relação conflitiva com a música e com seu instrumento, mostram tensões nas articulações e grupos musculares mais sutis e delicados em zonas mais próximas do teclado, como o pulso, antebraço ou articulação do polegar.

Tais tensões produzem severos bloqueios no antebraço, que interrompem o fluxo de energia para os dedos e, portanto, o seu contato com o teclado.

As pessoas que se encontram no primeiro grupo utilizam uma quantidade de energia maior que a necessária; essa energia é utilizada para mover os dedos e, ao mesmo tempo, para alimentar a tensão dos grandes grupos musculares. Esses pianistas terão que aprender a evitar o funcionamento inadequado das partes mais "passivas" do sistema; do contrário, cedo ou tarde terão que deixar de tocar.

O segundo grupo por outro lado, usa muito pouca energia ou a usa de maneira incorreta. Isso faz com que se sintam deficientes e que não experimentem a mínima segurança ou prazer ao tocar o instrumento. Por razões psicológicas, seu toque é demasiado pobre e sua energia é transferida "neuroticamente" para lugares mais escondidos de seu corpo. Esse problema é especialmente difícil de ser tratado pelos professores que não estão familiarizados com ele.

Finalmente, gostaria de expressar a grande admiração que sinto por Gerda Alexander, criadora da eutonia, um método profundamente humano e natural de autoconhecimento. Todas as experiências que mencionei ao longo deste capítulo constituem apenas o começo de um processo que espero que continue e contribua em algum momento para o desenvolvimento de uma técnica instrumental capaz de influenciar integralmente o homem.

# NOVAS BUSCAS EM EDUCAÇÃO
## VOLUMES PUBLICADOS

1. *Linguagem Total* — Francisco Gutiérrez.
2. *O Jogo Dramático Infantil* — Peter Slade.
3. *Problemas da Literatura Infantil* — Cecília Meireles.
4. *Diário de um Educastrador* — Jules Celma.
5. *Comunicação Não-Verbal* — Flora Davis.
6. *Mentiras que Parecem Verdades* — Umberto Eco e Marisa Bonazzi.
7. *O Imaginário no Poder* — Jacqueline Held.
8. *Piaget para Principiantes* — Lauro de Oliveira Lima.
9. *Quando Eu Voltar a Ser Criança* — Janusz Korczak.
10. *O Sadismo de Nossa Infância* — Org. Fanny Abramovich.
11. *Gramática da Fantasia* — Gianni Rodari.
12. *Educação Artística* — luxo ou necessidade — Louis Porches.
13. *O Estranho Mundo que se Mostra às Crianças* — Fanny Abramovich.
14. *Os Teledependentes* — M. Alfonso Erausquin, Luiz Matilla e Miguel Vásquez.
15. *Dança, Experiência de Vida* — Maria Fux.
16. *O Mito da Infância Feliz* — Org. Fanny Abramovich.
17. *Reflexões: A Criança — O Brinquedo — A Educação* — Walter Benjamim.
18. *A Construção do Homem Segundo Piaget* — Uma teoria da Educação — Lauro de Oliveira Lima.
19. *A Música e a Criança* — Walter Howard.
20. *Gestaltpedagogia* — Olaf-Axel Burow e Karlheinz Scherpp.
21. *A Deseducação Sexual* — Marcello Bernardi.
22. *Quem Educa Quem?* — Fanny Abramovich.
23. *A Afetividade do Educador* — Max Marchand.
24. *Ritos de Passagem de nossa Infância e Adolescência* — Org. Fanny Abramovich.

25. *A Redenção do Robô* — Herbert R'ad.
26. *O Professor que não Ensina* — Guido de Almeida.
27. *Educação de Adultos em Cuba* — Raúl Ferrer Pérez.
28. *O Direito da Criança ao Respeito* — Dalmo de Abreu Dallari e Janusz Korczak.
29. *O Jogo e a Criança* — Jean Chateau.
30. *Expressão Corporal na Pré-Escola* — Patricia Stokoe e Ruth Harf.
31. *Estudos de Psicopedagogia Musical* — Violeta Hemsy de Gainza.
32. *O Desenvolvimento do Raciocínio na Era da Eletrônica* — Os Efeitos da TV, Computadores e "Videogames" — Patrícia Marks Greenfield.
33. *A Educação pela Dança* — Paulina Ossona.
34. *Educação como Práxis Política* — Francisco Gutiérrez.
35. *A Violência na Escola* — Claire Colombier e outros.
36. *Linguagem do Silêncio* — Expressão Corporal — Claude Pujade-Renand.
37. *O Professor não Duvida! Duvida!* — Fanny Abramovich.
38. *Confinamento Cultural, Infância e Leitura* — Edmir Perrotti.
39. *A Filosofia Vai à Escola* — Matthew Lipman.
40. *De Corpo e Alma* — o discurso da motricidade — João Batista Freire.
41. *A Causa dos Alunos* — Marguerite Gentzbittel.
42. *Confrontos na Sala de Aula* — uma leitura institucional da relação professor-aluno — Julio Groppa Aquino.

www.gruposummus.com.br